Histoire de la pomme de terre depuis son origine et son introduction en Europe.

Histoire de la pomme de terre depuis son origine et son introduction en Europe

Ernest Roze
Payen A. & Chevalier A.

Collection « Les Pages de l'Histoire »

Editions le Mono

ISBN : 978-2-36659-658-8
EAN : 9782366596588

Introduction[1].

Historique et description du Solanum tuberosum.

Cette plante, nommée vulgairement *pomme de terre* en France, et *potatoe* en Angleterre, paraît être originaire de Virginie, l'un des États-Unis de l'Amérique. On en trouve à Valparaiso, au Chili, où elle croît avec abondance dans des ravins ; les rapports de plusieurs voyageurs portent à croire que le *solanum tuberosum* vient spontanément à Monte-Viedo. Cette plante arriva des régions équatoriales en Italie, s'introduisit en Allemagne, d'où elle fut transportée en Espagne, et de là en Irlande, puis dans toute l'Angleterre.

Vers la fin du 16e siècle, la pomme de terre fut importée d'Italie en France ; on la planta en Franche-Comté d'abord, puis en Bourgogne ; mais bientôt un préjugé se répandit contre ces tubercules ; on prétendit qu'ils pouvaient donner la lèpre ; leur usage fut défendu, et l'on cessa de les cultiver. La culture de la pomme de terre fut reprise quelques temps après, mais elle ne servit d'aliment qu'aux malheureux et aux bestiaux ; on lui supposait toujours quelques mauvais effets dans l'économie animale. L'article qui traite de ce tubercule, dans l'Encyclopédie, en 1766, se termine ainsi : « On reproche, avec raison, à la pomme de terre d'être venteuse ; mais qu'est-ce que des vents pour les organes vigoureux des paysans et des manœuvres ? »

Les préjugés reçus en France contre les pommes de terre s'étendirent de nos jours, même sur les gens qui faisaient un usage habituel de cet aliment ; les Flamands et les Anglais étaient naguère encore en butte à nos sarcasmes, à cause de leur goût pour les pommes de terre, et de la grande consommation qu'ils en font.

La culture des pommes de terre, en France, est aujourd'hui très-étendue ; et sa consommation très-considérable.

---

[1] Payen A. et Chevalier A., *Traité de la pomme de terre*, 1826.

La préparation de ces produits, et le mode de culture du *solanum tuberosum*, ont donné lieu à des recherches intéressantes.

On doit placer, au premier rang, les travaux de M. Parmentier et ceux de M. Cadet-de-Vaux. Ces savants ont consacré une partie de leur existence à faire triompher la vérité sur les faux préjugés, enracinés depuis des siècles, contre les emplois les plus intéressants de ces tubercules.

Ce fut en 1785, que Parmentier fit le plus d'efforts pour démontrer les avantages que peuvent offrir les emplois des pommes de terre. Des calamités de toute nature, en l'année 1786, imprimèrent, à la culture de cette plante, un certain élan qui fut encore excité par un stratagème industrieux : on se rappelle que le philanthrope Parmentier fit garder par des gendarmes un champ planté de pommes de terre, dans la plaine des Sablons, afin de donner l'envie d'en dérober : son but fut atteint.

Louis XVI accueillit avec bonté le bouquet si simple que lui présenta Parmentier, et qu'il n'avait composé que des fleurs du *solanum tuberosum*. En effet, quel emblème plus flatteur pouvait-il offrir à ce prince que celui de la plus puissante garantie contre la famine ? quel moyen plus ingénieux pouvait-on imaginer pour mettre en crédit une plante jusqu'alors dédaignée ? Les courtisans, toujours attentifs à flatter le goût du roi, s'empressèrent à l'envie de cultiver une plante honorée de ses regards. C'est donc à la flatterie que nous devons une partie du bienfait de la culture des pommes de terre. En d'autres temps, l'essor que prit la culture de la betterave et les succès de nos fabriques de sucre indigène, furent dus à une cause semblable.

DESCRIPTION DE LA PLANTE.

La pomme de terre est le tubercule d'une plante de la famille des morelles : le *solanum tuberosum de Linné* ; sa racine est vivace, rampante ; elle offre des tubercules charnus, amylacés, de forme et de grosseur qui diffèrent, selon les sols, les variétés et les soins de la culture. La tige de cette plante s'élève à la hauteur de deux à trois pieds ; elle est herbacée, rameuse, anguleuse, un peu ailée. Ses fleurs sont en grappes; elles ont des couleurs variées : on en a observé des jaunes et des roses ; elles sont placées au sommet des rameaux et en opposition avec les feuilles. La corolle est comme étoilée, à cinq tubes planes triangulaires ; le sommet de ceux-ci est recourbé en dessus. Chaque lobe est plus épais à sa partie inférieure et moyenne. La corolle a un tube très-court. Les organes sont composés de cinq étamines insérées au sommet du tube ; les filaments sont très-courts ; les anthères rapprochées totalement en forme de cône tronqué ; chacune de ces anthères a deux loges qui s'ouvrent en un petit trou situé au sommet, ovaire libre, glabre, un peu conique, offrant deux légers sillons opposés ; il est à deux loges contenant un très-grand nombre de petits ovules attachés à deux trophospermes saillants partant du milieu de la cloison ; le style est plus long que les étamines. Il est glabre en forme de cylindre, et se termine par un stigmate capitulé, glanduleux à deux tubes distincts. Le fruit est une baie cérasiforme, d'abord verte, puis jaunâtre, enfin violacée à l'époque de sa parfaite maturité.

La pomme de terre est d'origine étrangère : les auteurs l'ont attribuée à différents pays ; quoi qu'il en soit ce produit est une des meilleures importations qu'on ait pu faire, soit sous le rapport de ses emplois, comme aliment, soit sous celui de ses applications aux arts industriels.

Histoire générale de la pomme de terre[2]

Chapitre I
LE TYPE SAUVAGE DE LA POMME DE TERRE. — SON PAYS D'ORIGINE

La plante qui produit les tubercules désignés sous le nom de *Pommes de terre* et que, par extension, on appelle du même nom, n'a été importée en Europe que vers la fin du XVIe siècle, comme on le verra plus loin. Aujourd'hui qu'elle est à peu près cultivée sous tous les climats tempérés, qu'elle concourt à l'alimentation générale de l'humanité, qu'elle entre aussi pour une forte proportion dans la nourriture des bestiaux et qu'elle est l'objet de grandes cultures industrielles, on peut dire qu'elle est universellement connue. Or ce qu'il importe aussi de savoir, c'est qu'elle a été depuis longtemps décrite par les savants qui s'occupent de l'étude des plantes, lesquels ont pris soin d'observer ses organes de végétation et de reproduction, de noter ses caractères différentiels, pour la classer systématiquement en lui assignant la place qu'elle doit occuper parmi ses congénères dans la famille à laquelle elle appartient. C'est ainsi qu'on est arrivé à reconnaître en elle une espèce du genre *Solanum*, qui fait partie de la famille des SOLANÉES avec plusieurs autres genres (notamment ceux qui comprennent les *Pétunia*, les Tomates, les Tabacs, les Jusquiames, les *Datura*, la Belladone, les Coquerets, etc.), et qu'elle porte depuis la fin du XVIe siècle le nom scientifique de *Solanum tuberosum* que lui a conservé Linné dans sa réforme générale de la nomenclature.

---

[2] Ernest Roze, *Histoire de la pomme de terre traitée aux points de vue historique, biologique, pathologique, cultural et utilitaire*, 1898.

Bien que la Pomme de terre fût suffisamment connue au XVIIe siècle pour ses qualités alimentaires, sa culture fut loin de prendre une grande extension. En France, ce ne fut guère même que vers la fin du XVIIIe siècle qu'on commença, grâce aux efforts persévérants de Parmentier, à l'apprécier à sa juste valeur. En Angleterre, cependant, elle rendait déjà de très grands services, et lorsqu'on était arrivé, par des soins culturaux assidus, à obtenir de la Pomme de terre des variétés plus productives, plus avantageuses à divers titres, on fut conduit à se demander si, par des apports nouveaux de la plante recueillie dans son pays d'origine à l'état sauvage, on ne parviendrait point à découvrir de meilleures variétés que celles que l'on possédait. Plus récemment, et lorsqu'à la suite de ces apports mêmes un fléau inattendu a failli presque anéantir, en 1845, toutes les espérances des immenses récoltes qui se faisaient alors de la précieuse Solanée, on en vint aussi à désirer retrouver, dans son type sauvage, le moyen de se mettre à l'abri des atteintes de cette redoutable maladie.

On savait, en Angleterre, que le *Solanum tuberosum* y avait été introduit par des tubercules apportés de la Virginie. Était-ce bien là son pays de véritable origine ? On ne devait pas, en effet, tarder à reconnaître que la Pomme de terre ne se trouvait actuellement, dans cette région de l'Amérique du Nord, que dans les endroits mêmes où on la cultivait. Les anciens indigènes ne la connaissaient pas : elle devait donc y avoir été importée et n'y croissait pas spontanément. « Le Dr Roulin, qui a beaucoup étudié les ouvrages concernant l'Amérique septentrionale, dit A. de Candolle, m'affirmait jadis qu'il n'avait trouvé aucune indication de la Pomme de terre aux États-Unis avant l'arrivée des Européens. Le Dr Asa Gray me le disait aussi, en ajoutant que M. Harris, un des hommes les plus versés dans la connaissance de la langue et des usages des tribus du Nord de l'Amérique, avait la même opinion. Je n'ai rien lu de contraire dans les publications récentes, et il ne faut pas oublier qu'une plante aussi facile à cultiver se serait répandue, même chez des peuples nomades, s'ils l'avaient possédée. » On a, par suite, été conduit à supposer que la Pomme de terre avait pu être apportée au XVIe siècle dans la Virginie par des navigateurs ou des pirates, qui avaient fait relâche ou naufrage sur ces côtes encore si peu connues.

D'un autre côté, on savait aussi que les Espagnols avaient constaté que la Pomme de terre était cultivée et consommée au Pérou au moment de leurs conquêtes : c'était, par conséquent, dans l'Amérique du Sud qu'il y avait chance de rencontrer cette Solanée à l'état sauvage. Cherchons donc dans les ouvrages des Historiens, Voyageurs ou Naturalistes qui ont parcouru cette partie de l'Amérique, les premiers débuts de son histoire. Pierre Cieça de Léon, dans sa Chronique espagnole du Pérou (1550), fait le premier mention de la Pomme de terre. « Dans des lieux voisins de Quito, dit-il, les habitants ont, avec le Maïs, deux autres plantes qui leur servent en grande partie à soutenir leur existence, savoir : les *Papas*, à racines presque semblables à des tubercules, dépourvues de toute enveloppe plus ou moins dure ; lorsqu'elles sont cuites, elles ont la pulpe presque aussi tendre que de la purée de Châtaignes ; séchées au soleil, on les appelle *Chumo* et on les conserve pour l'usage. Le fruit produit une tige semblable à celle du Pavot. L'autre est le *Quinüa* plante de la hauteur d'un homme, à feuilles de la Blette de Mauritanie, à graine petite, blanche ou rouge, avec laquelle on prépare une boisson, ou qu'on mange après cuisson, comme nous le riz. »

Lopez de Gomara, dans son *Histoire générale des Indes* (1554), et Augustin de Zarate, dans son *Histoire de la découverte et de la conquête du Pérou* (1555), parlent également de ces *Papas*, qui est encore le nom indien des Pommes de terre.

Jérôme Cardan, dans son curieux ouvrage, intitulé *De Rerum varietate* (Bâle, 1557), s'exprime aussi en ces termes sur le même sujet : « Sur le penchant des montagnes, dans la région du Pérou, les *Papas* sont comme une espèce de Truffe, dont on se sert en place de pain, et qui sont engendrées dans le sol ; c'est ainsi que la nature pourvoit sagement partout à tous les besoins. On les fait sécher et on les appelle *Ciuno*.

Certaines gens ont trouvé moyen de s'enrichir en transportant cette seule denrée dans la province de Potosi. On dit cependant que cette racine porte une tige semblable à celle de l'*Argemone*. Ces *Papas* ont la forme de Châtaignes, mais ont le goût plus agréable : on les mange cuites, ou bien, comme je le disais, réduites en farine. On en trouve également chez d'autres peuplades de cette Chersonèse, ainsi que chez les Habitants de la province de Quito. »

Le Père Joseph de Acosta, de l'ordre des Jésuites, qui fut le second Provincial du Pérou, où il débarqua en 1571, a publié à son retour en Espagne en 1591, à Barcelone, une *Historia natural y moral de las Indias*. Nous extrayons de cet ouvrage, d'après la traduction « en François » qu'en a donnée en 1598 Robert Regnault, Cauxois, les intéressants passages qui suivent.

« Ce que les Indiens appellent Andez, et ce qu'ils appellent Sierra, sont deux chaines de montagnes très hautes qui doivent courir plus de mil lieues à vue l'une de l'autre, et presque également. Il y a un nombre infini de vicugnes et de ces animaux qu'ils appellent Guanacos et Pacos, qui sont des moutons… L'on y trouve aussi l'herbe ou arbre qu'ils appellent Coca, qui est tant estimé des Indiens, et la traite qu'on en fait y vaut beaucoup d'argent. Celle qu'ils appellent Sierre, fait des vallées des endroits où elle s'ouvre, qui sont les meilleures habitations du Peru, comme est la vallée de Xauxa et d'Andaguaylas et de Yucay. En ces vallées il croît du froment, du maïs, et d'autres sortes de fruits, toutefois ès unes moins qu'aux autres. Plus outre que la cité de Cusco (qui était anciennement la cour des Seigneurs de ces royaumes), les deux chaines de montagnes que j'ay dictes se retirent et s'éloignent davantage les unes des autres, et laissent au milieu une plaine et large campagne qu'ils appellent la province de Collae, où il y a un grand nombre de rivières, et beaucoup d'herbages et de pâturages fertiles, et là est aussi le grand lac de Titicaca : mais encore que ce soit terre plaine, et à la même hauteur et intemperature que la Sierre, et qu'il n'y ait non plus d'arbres ni de forêts, toutefois le défaut qu'ils ont du pain y est récompensé par les racines qu'ils sèment, lesquelles ils appellent *Papas*, et croissent dedans la terre. Ceste racine est le manger des Indiens, car les séchant et nettoyant ils en font ce qu'ils appellent *Chugno* qui est le pain et la nourriture de ces provinces... »

Il ajoute un peu plus loin : «... En quelques endroits des Indes, il n'y croît de maïs, ni de froment, comme est le haut de la Sierra du Peru, et les provinces qu'ils appellent Golao, qui est la plus grande partie de ce royaume, où la température est si froide et si sèche qu'elle ne peut endurer qu'il y croisse du froment, ni du maïs au lieu de quoi les Indiens usent d'un autre genre de racines qu'ils appellent Papas lesquelles sont de la façon de turmes de terre qui sont petites racines, et jettent bien peu de feuilles. Ils cueillent ces Papas, et les laissent bien sécher, au soleil, puis les pillants, en font ce qu'ils appellent *Chuno* qui se conserve ainsi plusieurs jours, et leur sert de pain. Il y a en ce royaume fort grande traite de ce *Chuno* pour porter aux mines de Potozi : m'on mange même ces Papas ainsi fraîches bouillies ou rôties, et des espèces d'icelles y en a de plus douce et qui croît en lieux chauds, dont ils font certaines sauces et hachis, qu'ils appellent *Locro*. En fin ces racines sont tout le pain de cette terre, tellement que quand l'année en est bonne, ils s'en réjouissent fort, parce que assez souvent, elles se gèlent dedans la terre, tant est grand le froid et intemperature de ceste région... »

Frezier, Ingénieur ordinaire du Roi, à qui l'on doit d'avoir introduit en France le Fraisier du Chili, dans la *Relation de son voyage de la Mer du Sud aux côtes du Chili et du Pérou*, de 1712 à 1714, publiée en 1716, ne dit que peu de mots de la Pomme de terre, mais ce qu'il en dit ne manque pas d'intérêt. Il s'exprime ainsi : « La nourriture ordinaire des Indiens du Chili, aux environs de La Conception, est chez eux des *Pommes de terre* ou Topinambours, qu'ils appellent *Papas* d'un goût assez insipide ; du Maïs, etc. » Et plus loin : « Toutes les Légumes que nous avons viennent à La Conception en abondance et presque sans peine ; il y en a même qu'on trouve dans les campagnes sans cultiver, comme des Navets, des *Topinambours* de la Chicorée des deux espèces, etc. ». C'est le premier ouvrage dans lequel se trouve employé en France le mot *Pommes de terre*, auquel l'auteur donne bien à tort comme synonyme celui de Topinambours. Mais il convient de noter ce qu'il dit au sujet de ces *Papas* qui, d'après ce qu'il en rapporte, croissaient sans culture au Chili, dans la Province de Conception. C'est dans cette province que Mackenna, dans son opuscule intitulé *Le Chili* (1855), disait aussi que « la Pomme de terre croit sauvage sur le sommet des montagnes de Nahuelbuta ».

Le P. Feuillée, dans son *Histoire des plantes médicinales qui sont le plus en usage aux royaumes du Pérou et du Chily* (1725), se contente de citer la Pomme de terre sous son nom scientifique : *Solanum tuberosum esculentum* (G. Bauhin, *Pinax*),. vulgairement *Papa*, sans autres commentaires. Mais il donne ensuite la description et une figure d'une seconde espèce qu'il appelle : *Solanum tuberosum minus, Atriplicis folio vulgà Papa montana*, « Cette plante, dit-il, a pour racine un tubercule charnu, ovale, épais environ d'un pouce, garni dans sa partie inférieure de quantité de longues fibres chevelues et blanches ; la peau de ce tubercule est grisâtre et fort mince, celle-ci en recouvre une autre blanchâtre, épaisse d'une ligne et demie, au-dessous de laquelle est une substance aussi blanchâtre, assez solide et d'un bon goût ». Cette espèce de *Solanum* dont il continue la description, n'a qu'un rapport assez éloigné avec la Pomme de terre ordinaire. « Cependant, ajoute-t-il, les Indiens font un grand usage des racines de cette plante, et ils en mangent dans leur soupe et dans tous leurs ragoûts. Je trouvai cette plante sur le penchant d'une montagne dans le royaume du Pérou à 17 degrés de hauteur du Pôle austral. Elle diffère par ses feuilles de celles qu'on cultive dans les campagnes. »

Cette plante, d'après Dunal (*Histoire naturelle, médicale et économique des Solanum*, 1813), ne serait rien autre que le *Solanum montanum* de Linné, qui ne peut donner lieu à aucune confusion avec le *S. tuberosum*.

Mais nous approchons de l'époque où la Pomme de terre va commencer à être appréciée à sa juste valeur, et la question de son origine ne tardera pas à occuper les esprits.

Déjà, l'abbé Molina avait cité à ce point de vue quelques faits assez curieux. Nous trouvons, en effets ce passage dans la traduction française de Gruvel (1789) : « *Essai sur l'histoire naturelle du Chili par M. l'abbé Molina*. Livre III, § XXIV. *Herbes ou plantes alimentaires* (*Mogel Cachu* en Chilien). — La Pomme de terre (*Solanum tuberosum*). Cette racine d'Amérique, qui porte le nom de *papa*, *pogny*, *patata* et dont l'utilité est reconnue partout, occupe présentement les cultivateurs anglais et français ; mais personne n'a mieux prouvé l'avantage de la culture de cette racine que M. Parmentier, dans plusieurs mémoires qu'il a donnés à ce sujet. M. de Bomare regarde le Chili comme la patrie des Pommes de terre : elles y croissent effectivement dans toutes les campagnes ; mais celles qui viennent sans culture, ou les sauvages que les Indiens nomment *Maglia*, font des bulbes très petits, d'un goût un peu amer. On en compte deux espèces différentes, et plus de trente variétés, dont plusieurs sont cultivées avec soin. La première espèce est la commune ; la seconde que l'on pourrait nommer *Solanum Cari* d'après le nom du pays, porte des fleurs blanches, avec un grand nectaire au milieu, comme les Narcisses ; sa racine est cylindrique, fort douce, et se mange ordinairement cuite sous la cendre. »

Ruiz et Pavon, dans leur *Flora peruviana* (1798-1802), s'étaient contentés de donner de la Pomme de terre une courte description que nous traduisons ainsi : « *Solanum tuberosum*. Plante herbacée » haute de trois pieds, bisannuelle. Elle se trouve cultivée dans le Royaume du Pérou et du Chili, et se rencontre sur les collines de Chancay, près des territoires de Jequan et Pasamayo. Elle fleurit en Juillet et Août. On appelle les Pommes de terre, en péruvien *Papas*, en espagnol *Patatas manchegas*. La couleur des fleurs et celle des tubercules sont très variables. »

Dans le *Voyage en Amérique de Humboldt et Bonpland* (1807), Humboldt donne quelques détails sur les stations élevées où se cultive la Pomme de terre et parle de l'ignorance où l'on est encore de son existence à l'état sauvage. « La Pomme de terre, dit-il, cultivée au Chili à 3600 mètres de hauteur, porte la même fleur que celle que l'on a introduite dans les plaines de la Sibérie… Cette plante bienfaisante sur laquelle se fonde en grande partie la population des pays les plus stériles de l'Europe, présente le même phénomène que le Bananier, le Maïs et le Froment. Quelques recherches que j'aie pu faire sur les lieux, je n'ai jamais appris qu'aucun voyageur l'eût trouvée sauvage, ni sur le sommet de la Cordillière du Pérou, ni dans le royaume de la Nouvelle Grenade, où cette plante est cultivée avec le *Chenopodium Quinoa*… Dans la Cordillière des Andes, depuis 3000 jusqu'à 4000 mètres, l'objet principal de la culture est la Pomme de terre. »

Fig. 1. Amérique du Nord et Amérique du Sud.

Quelques années plus tard, Humboldt, dans son *Essai politique sur le Royaume de la Nouvelle-Espagne*, traite plus amplement le même sujet et y ajoute des considérations philosophiques du plus grand intérêt. Nous croyons devoir en citer ici les passages les plus instructifs.

« Une plante à racine nourrissante, dit-il, qui appartient originairement à l'Amérique, la Pomme de terre (*Solanum tuberosum*) paraît avoir été introduite au Mexique, à peu près à la même époque que les céréales de l'Ancien Continent. Je ne déciderai point la question si les *papas* (c'est l'ancien nom péruvien sous lequel les Pommes de terre sont aujourd'hui connues dans toutes les colonies espagnoles) sont venues au Mexique conjointement avec le *Schinus Molle* du Pérou, et, par conséquent, par la voie de la Mer du Sud ; ou si les premiers conquérants les ont apportées des montagnes de la Nouvelle-Grenade. Quoi qu'il en soit, il est certain qu'on ne les connaissait pas du temps de Montezuma, et ce fait est d'autant plus important, qu'il est un de ceux dans lesquels l'histoire des migrations d'une plante se lie à l'histoire des migrations des peuples… Cela suffit pour prouver combien il est important pour l'histoire de notre espèce, de connaître avec précision jusqu'où s'étendait primitivement le domaine de certains végétaux avant que l'esprit de colonisation des Européens fût parvenu à réunir les climats les plus éloignés. Si les Céréales, si le Riz des Grandes Indes étaient inconnus aux premiers habitants de l'Amérique, en revanche le Maïs, la Pomme de terre et le Quinoa ne se trouvaient cultivés ni dans l'Asie centrale, ni dans les îles de la Mer du Sud.

» La Pomme de terre nous présente un autre problème très curieux, si on l'envisage sous un rapport historique. Il paraît certain que cette plante n'était pas connue au Mexique avant l'arrivée des Espagnols. Elle fut cultivée à cette époque au Chili, au Pérou, à Quito, dans le Royaume de la Nouvelle-Grenade, sur toute la Cordillère des Andes, depuis les 40° de latitude australe jusque vers les 50° de latitude boréale. Les botanistes supposent qu'elle croît spontanément dans la partie montueuse du Pérou. D'un autre côté, les savants qui ont fait des recherches sur l'introduction des Pommes de terre en

Europe, assurent qu'elle fut aussi trouvée en Virginie par les premiers colons que Sir W. Raleigh y envoya en 1584. Or, comment concevoir qu'une plante qu'on dit appartenir originairement à l'hémisphère austral, se trouvait cultivée au pied des Monts Alleghanys, tandis qu'on ne la connaissait point au Mexique et dans les régions montueuses et tempérées des îles Antilles ? Est-il probable que des tribus péruviennes aient pénétré vers le Nord jusqu'aux rives du Rapahaunoc, en Virginie, ou les Pommes de terre sont-elles venues du Nord au Sud, comme les peuples qui, depuis le VIIe siècle, ont paru successive sur le plateau d'Anahuac ? Dans l'une et l'autre de ces hypothèses, comment cette culture ne s'est-elle pas introduite ou conservée au Mexique ? Voilà des questions peu agitées jusqu'ici, et cependant bien dignes de fixer l'attention du physicien. Embrassant d'un coup d'œil l'influence de l'homme sur la nature et la réaction du monde physique sur l'homme, on croit lire, dans la distribution des végétaux, l'histoire des premières migrations de notre espèce

» Je ferai observer d'abord que la Pomme de terre ne me paraît pas indigène au Pérou, et qu'elle ne se trouve nulle part sauvage dans la partie des Cordillères qui est située sous les tropiques. Nous avons, M. Bonpland et moi, herborisé sur le dos et sur la pente des Andes, depuis les 5° nord jusqu'aux 12° sud ; nous avons pris des informations chez des personnes qui ont examiné cette chaîne de montagnes colossales jusqu'à La Paz et à Oruro, et nous sommes sûrs que, dans cette vaste étendue de terrain, il ne végète spontanément aucune espèce de Solanée à racines nourrissantes. Il est vrai qu'il y a des endroits peu accessibles et très froids que les naturels appellent *Paramos de las Papas* (plateaux déserts des Pommes de terre) ; mais ces dénominations, dont il est difficile de deviner l'origine, n'indiquent guère que ces grandes hauteurs produisent la plante dont elles portent le nom.

» En passant plus au sud, au-delà du tropique, on la trouve, selon Molina, dans toutes les campagnes du Chili. Les naturels y distinguent la Pomme de terre sauvage dont les

19

tubercules sont petits et un peu amers, de celle qui y est cultivée depuis une longue série de siècles. La première de ces plantes porte le nom de *Maglia*, et la deuxième celui de *Pogny*. On cultive aussi au Chili une autre espèce de *Solanum* qui appartient au même groupe à feuilles pennées et non épineuses, et qui a la racine très douce et d'une forme cylindrique. C'est le *Solanum Cari* qui est encore inconnu, non seulement en Europe, mais même à Quito et au Mexique.

» On pourrait demander si ces plantes utiles sont vraiment originaires du Chili, ou si par l'effet d'une longue culture elles y sont devenues sauvages. MM. Ruiz et Pavon disent avoir trouvé la Pomme de terre dans les terrains cultivés, et non dans les forêts et sur le dos des montagnes.

» Il est probable que des montagnes du Chili la culture des Pommes de terre a avancé peu à peu vers le nord par le Pérou et le royaume de Quito jusqu'au plateau de Bogota, l'ancien Cundinamarca. C'est là aussi la marche qu'ont tenue les Incas dans la suite de leurs conquêtes.

»... Les Cordillères, après avoir conservé une hauteur imposante depuis le Chili jusqu'à la province d'Antioquia, s'abaissent tout d'un coup vers les sources du Grand Rio Atracto. Le Choco et le Darien ne présentent qu'un groupe de collines qui, dans l'Isthme de Panama, a seulement quelques centaines de toises de hauteur. La culture de la Pomme de terre ne réussit bien entre les tropiques que sur des plateaux très élevés, dans un climat froid et brumeux. L'Indien des pays chauds préfère le Maïs, le Manioc et la Banane. En outre le Choco, le Darien et l'Isthme couvert d'épaisses forêts, ont été habités depuis des siècles par des hordes de sauvages et de chasseurs, ennemis de toute culture. Il ne faut donc pas s'étonner que la réunion de ces causes ait empêché la Pomme de terre de pénétrer jusqu'au Mexique.

»... Il se peut que des peuples sortis d'Aztlan se soient avancés jusqu'au delà de l'Isthme ou du golfe de Panama. Mais il est peu probable que par des migrations du Sud vers le Nord, les productions du Pérou, de Quito et de la Nouvelle-Grenade aient jamais passé au Mexique et au Canada.

»... Parmi le grand nombre de productions utiles que les migrations des peuples et les navigations lointaines nous ont fait connaître, aucune plante depuis la découverte des Céréales, c'est-à-dire depuis un temps immémorial, n'a exercé une influence aussi marquante sur le bien-être des hommes que la Pomme de terre. Cette culture, d'après les calculs de Sir John Sinclair, peut nourrir neuf individus par acre de 5,368 mètres carrés. Elle est devenue commune dans la Nouvelle-Zélande, au Japon, à l'île de Java, dans le Boutan et au Bengale, où, selon le témoignage de M. Bockford, les patates sont regardées comme plus utiles que l'Arbre à pain introduit à Madras. Leur culture s'étend depuis l'extrémité de l'Afrique jusqu'au Labrador, en Islande et en Laponie. C'est un spectacle intéressant que de voir une plante descendue des montagnes placées sous l'équateur, s'avancer vers le Pôle, et résister, plus que les Graminées céréales, à tous les frimas du Nord. »

Il semblerait, d'après ce qui précède, qu'on dût perdre tout espoir de retrouver la Pomme de terre à l'état sauvage. Un point seulement était établi, c'est que le Chili devait être probablement son pays d'origine. Mais nous allons voir l'histoire de la Pomme de terre sauvage entrer dans une nouvelle phase, et il s'en est fallu de peu que l'on se soit cru autorisé à considérer comme résolu ce difficile problème. — Nous traduisons ce qui suit d'un Mémoire, qui a fait époque, de M. J. Sabine, lu le 22 novembre 1822 à la Société d'horticulture de Londres.

« *Sur le pays d'origine de la Pomme de terre sauvage etc.* — La possession d'échantillons spontanés de la Pomme de terre sauvage est restée longtemps un desideratum : or, en raison de la grande importance et de l'usage extensif qu'a pris la culture des tubercules de la Pomme de terre, le sujet dont il s'agit m'a paru digne d'attirer l'attention de la Société. Dans mes communications avec nos Correspondants de l'autre côté de l'Atlantique, ce point leur avait été signalé comme un des problèmes les plus intéressants à résoudre. Aussi, n'est-ce pas sans une certaine satisfaction que je puis constater que nos tentatives ont été couronnées de succès.

» De grands doutes se sont élevés quand il s'est agi de savoir dans quelles parties du Nouveau-Monde devait être assignée la station naturelle du *Solanum tuberosum* ou Pomme de terre ; la question même est encore matière à discussion entre les Botanistes les plus célèbres. La plante cultivée a été d'abord connue en Angleterre sous le nom de *Patate de Virginie*, je conçois, cependant, qu'il puisse rester quelque doute sur son origine, en ce que les tubercules qui ont été trouvés par Sir Walter Raleigh dans cette colonie et transportés en Irlande, pouvaient y avoir été préalablement introduits de quelques-uns des territoires espagnols, situés dans les régions les plus méridionales de cette partie du globe ; si la Pomme de terre, en effet, avait été une plante croissant spontanément dans quelques-uns des districts qui font partie maintenant des États-Unis, elle aurait été déjà découverte et signalée par les Collecteurs botanistes qui ont parcouru et examiné avec soin les plantes de ces contrées.

» Le Baron de Humboldt donne pour certain que la Pomme de terre ne croit pas spontanément dans la partie sud-ouest de l'Amérique du Nord, et qu'elle n'est pas autrement connue que comme une plante cultivée dans toutes les îles des Indes occidentales. Son existence à l'état sauvage reste donc fixée dans l'Amérique du Sud, et il semble maintenant suffisamment prouvé qu'on doit la rencontrer à cet état, soit dans les sommités des régions tropicales, soit dans les régions plus tempérées des côtes occidentales de la partie sud de cette division du Nouveau Monde.

» D'après Molina (Histoire naturelle du Chili), la Pomme de terre croît communément à l'état sauvage dans les campagnes du Chili, et elle est appelée dans cet état par les indigènes *Maglia* : elle produit, lorsqu'elle n'est pas cultivée des tubercules petits et amers. De son côté, le Baron de Humboldt assure qu'elle ne croît pas spontanément au Pérou, ni sur aucune partie des Cordillères situées sous les tropiques. Mais cette assertion est contredite par M. Lambert, qui rappelle que don José Pavon a dit que ses compagnons de voyage, Dombey et Ruiz, ont recueilli avec lui le *Solanum tuberosum* à l'état sauvage, non seulement au Chili, mais aussi au Pérou, aux environs de Lima, et qui ajoute que don Francisco Zea lui a affirmé qu'il l'avait trouvé de même croissant dans les forêts de Santa-Fé de Bogota. La relation ci-dessus de Pavon se trouve rait confirmée par la présence, dans l'herbier de M. Lambert, d'un échantillon récolté par Pavon au Pérou, sous le nom de *Patatas del Peru*.

» M. Lambert suppose même que la Pomme de terre doit croître spontanément aussi bien sur les côtes orientales que sur les côtes occidentales et septentrionales de l'Amérique du Sud. Voici sur quoi se basait son opinion.

» Parmi les spécimens de l'herbier formé par Commerson, lorsqu'il accompagnait Bougainville dans son voyage autour du monde, se trouve une espèce de *Solanum*, recueillie près de Montevideo. M. Dunal (de Montpellier) ayant considéré cet échantillon comme appartenant à une espèce distincte du *Solanum tuberosum*, l'a nommée *Solanum Commersonii* et l'a décrite sous ce nom dans le Supplément à l'Encyclopédie, puis plus tard dans son *Synopsis des Solanum*, Or M. Lambert conjecturait que cet échantillon devait appartenir au type de notre Pomme de terre, et cela, par suite de renseignements qu'il avait reçus, d'abord de M. Balwin, un Botaniste américain, qui lui avait dit avoir trouvé le *S. tuberosum* à l'état sauvage, tant à Montevideo que dans les environs de Maldonado, puis du Capitaine Bowles, qui avait résidé très longtemps à Buenos-Ayres, et qui lui avait assuré que la Pomme de terre était une plante sauvage, commune dans les jardins et aux alentours de Montevideo.

» Les allégations ci-dessus confirment certainement l'existence, sur les bords du Rio de la Plata, d'une plante assez commune que M. Lambert croit devoir identifier avec le spécimen de Commerson ; mais la preuve qu'il s'agit bien du *S. tuberosum*, à l'encontre de l'opinion de M. Dunal, ne repose que sur les assertions du Dr Baldwin et du Capitaine Bowles ; il y manque ce témoignage plus probant, résultant de l'examen des échantillons de la plante, qui n'ont pas été produits par l'un ou l'autre de ces Messieurs.

Fig. 2 à 5. — *Solanum Commersonii* de Dunal.
a, feuille de la tige ; b, sommité fleurie ; c, fruit ; d, tubercule
(3/4 de grandeur naturelle de la plante vivante).

« Afin d'élucider la question aussi bien que possible, je m'adressai à M. Desfontaines, Directeur du Muséum d'histoire naturelle au Jardin du roi à Paris, pour lui demander la permission de faire dessiner l'échantillon original de Commerson, déposé dans l'Herbier confié à ses soins. Avec une libéralité et une obligeance que je ne puis louer trop hautement, l'échantillon complet me fut immédiatement transmis. L'examen de ce dessin colorié que je mets sous vos yeux et qui est une représentation parfaite de toute la plante desséchée, permettra, de trancher la question soulevée par la plante de Commerson. Je ferai remarquer que l'échantillon a tout à fait l'apparence d'être nain et rabougri. L'étiquette qui y est attachée porte la suscription suivante : « Tomate d'Espagne. — Les fleurs sont pâles. De la plage du pied du Morne de Montevideo, en mai 1767. » La dimension de la fleur est évidemment plus grande que celle du *S. tuberosum* qui se trouverait dans un semblable état de dessiccation ; l'échancrure des divisions des fleurs et la largeur proportionnellement plus grande de la foliole terminale présentent des différences frappantes avec les

24

parties correspondantes de notre Pomme de terre. Une très légère pubescence est perceptible sur l'échantillon qui, s'il avait été détaché d'un pied de *S. tuberosum* aurait probablement été beaucoup plus velu, comme c'est le cas lorsqu'il est rabougri. On peut trouver aussi quelque peu singulier que Commerson, qui connaissait non seulement le *S. tuberosum* mais ses divers noms, ait désigné son échantillon sous le nom de Tomate : cela donne presque la certitude qu'il ne le considérait point comme appartenant à la Pomme de terre. D'après ces considérations, j'avoue que j'hésite à partager l'opinion de M. Lambert qui croit avoir une preuve suffisante de la croissance de la Pomme de terre à l'état sauvage sur les bords du Rio de la Plata. Il est possible qu'elle puisse s'y rencontrer, mais son existence dans cette partie de l'Amérique est loin d'être établie, alors que nous avons la quasi-certitude que la plante de Commerson n'est pas la Pomme de terre, et que M. Lambert ne doute pas que les plantes qui ont été observées par son correspondant et ami soient différentes de celle de Commerson.

» Au commencement du printemps de cette année, M. Galdcleugh, qui a résidé quelque temps à Rio de Janeiro, comme Secrétaire de l'ambassade anglaise à cette cour, et qui n'a cessé d'y rendre service à la Société d'Horticulture, est revenu en Angleterre, après avoir préalablement fait un voyage dans cette région et visité les points principaux des côtes occidentales de l'Amérique du Sud. Dans ce qu'il a rapporté d'intéressant, figuraient deux tubercules de la *Pomme de terre sauvage* qu'il m'a envoyés avec la lettre suivante.

» *Montagne Place, Portman Square, 24 février* 1822.

» Cher Monsieur,

» J'éprouve un certain plaisir à vous adresser ces échantillons de *Solanum tuberosum* ou véritable Pomme de terre sauvage de l'Amérique méridionale. Elle croit en quantité considérable dans des ravins, non loin de Valparaiso, sur la côte occidentale de l'Amérique du Sud, par 34° 1/2 de latitude Sud, où elle a été récoltée. Les feuilles et les fleurs de la plante sont en tous points semblables à celles de la Pomme de terre cultivée en Angleterre et ailleurs. Elle commence à fleurir dans le mois d'Octobre, le printemps de ce climat, et n'est pas très prolifique. Les tubercules sont petits et d'une saveur un peu amère : ils ont une pellicule qui est rouge sur les uns, jaunâtre sur les autres. Je suis porté à croire que cette plante doit croître sur une grande étendue de la côte, car on la trouve dans le sud du Chili où elle est appelée *Maglia* par les indigènes, mais je n'ai pu découvrir si l'on en tirait quelque parti. Je suis redevable de ces échantillons à un officier de marine de Sa Majesté, M. Owen Glandower, qui a quitté cette contrée quelque temps après moi.

» Je suis, etc…
» Alex. CALDCLEUGH.»

Fig. 6. — Valparaiso.

» Les deux tubercules ont été présentés à la Société et ils ont été dessinés avant leur plantation. S'il y en avait eu un troisième, j'aurais été tenté de vérifier moi-même si la saveur en était réellement amère, comme l'assure M. Caldcleugh, ainsi que Molina. On les planta séparément dans de petits pots, et ils ne tardèrent pas à germer ; leur croissance fut rapide, si bien qu'on fût obligé de les dépoter et de les déplacer, à environ deux pieds l'un de l'autre, dans une plate-bande où ils devinrent très vigoureux et luxuriants de végétation. Ils ne produisirent d'abord que peu de fleurs, mais lorsque les tiges furent buttées, ils prirent de la force et alors ils se couvrirent de fleurs, mais ne donnèrent point de fruits.

Nous avons fait faire le dessin d'une branche par Miss Cotton et nous l'avons fait graver. La fleur en était blanche et ne différait en aucune façon de celles de ces variétés de la Pomme de terre ordinaire qui ont les fleurs de cette même couleur. Nous avons comparé les feuilles à celles de plusieurs variétés de la Pomme de terre cultivée et nous avons pu constater que si celles-ci avaient en général la face supérieure plus rugueuse et inégale, avec des nervures plus fortes et plus apparentes sur la face inférieure, il n'y avait en somme aucune différence entre elles. Les foliolules qui se développent de chaque côté de la nervure médiane, entre les grandes folioles des feuilles, étaient rares, en aussi petit nombre que celles de quelques variétés de la Pomme de terre cultivée ; mais comme nous avons pu constater, chez d'autres variétés, que leurs feuilles étaient privées de ces foliolules, il nous a paru que la présence de ces organes appendiculaires n'est pas un caractère aussi essentiel qu'on l'avait supposé, et ainsi qu'on l'avait établi dans le Supplément de l'Encyclopédie.

» Le buttage des tiges avait exigé une grande quantité de terre, de manière à former une sorte de monticule qui s'élevait jusqu'à deux pieds de haut : or, vers le mois d'Août, des rejets, provenant des racines et des nœuds des tiges ainsi recouvertes, se firent jour en grand nombre à travers la surface du monticule, et dès qu'ils se trouvèrent exposés à la lumière ils émirent beaucoup de branches » portant feuilles et fleurs, si bien qu'à la fin les deux touffes constituèrent une quantité de pieds, différents en apparence, se développant de tous côtés. L'aspect de ces grosses touffes faisait naître un doute sur l'identité de la plante avec notre Pomme de terre ordinaire ; ce doute augmenta lorsque l'on constata, vers la fin du mois d'Août, qu'aucun tubercule ne s'était formé sur les racines. Les rejets ne différaient pas cependant sensiblement de ceux qu'on observe sous terre sur la Pomme de terre cultivée : ils étaient seulement en plus grand nombre et plus vigoureux.

» Mais nous venons de faire déterrer les plants, et je puis dire que tout doute à leur égard doit être écarté. C'est bien certainement le *Solanum tuberosum*. Les tiges principales avaient une longueur de plus de sept pieds ; quant au produit, il était très abondant : on recueillit sur les deux plants environ six cents tubercules. Ceux-ci sont de grosseur variable, quelques-uns aussi gros ou plus gros qu'un œuf de pigeon, les autres aussi petits que les tubercules-mères, quelque peu anguleux, mais plus ronds qu'oblongs. Très peu d'entre eux sont blancs, d'autres son marqués de taches d'un rouge pâle ou de taches blanches. Nous en choisîmes deux, parmi ces derniers, pour les faire dessiner. Leur saveur, après la cuisson, était exactement celle d'une jeune Pomme de terre.

» Le compost employé pour le buttage des plants était très saturé d'engrais : j'attribue à cette circonstance la luxuriante végétation des tiges. Si l'on eût employé de la terre ordinaire pour le buttage, elles ne seraient probablement pas devenues si fortes, et je présume que pendant cette grande émission de tiges et de feuilles, il y avait retard dans la formation des tubercules, car la production de ces derniers n'a eu lieu que dans la dernière partie de la saison ; et l'on ne peut pas dire qu'ils sont en parfaite maturité, parce qu'ils auraient pu devenir plus gros s'ils avaient commencé plus tôt à se développer.

» On pourra toutefois s'en servir utilement pour la reproduction (ou pour semence, s'il m'est permis de me servir d'une expression technique), et il y en a en suffisante quantité pour qu'on puisse les traiter comme on le fait d'une récolte ordinaire de Pommes de terre. En tous cas, il sera nécessaire d'attendre les résultats d'une autre année d'expérience pour nous permettre de nous rendre tout à fait compte des mérites et de la valeur de cette nouvelle introduction. Du reste, nous avons déjà constaté des changements qui nous font bien augurer des effets d'une culture appropriée : la production très abondante des tubercules, la perte de toute l'amertume de leur saveur naturelle, l'augmentation notable de leur volume ; ce qui, par suite, me porte à croire qu'à l'origine de la culture de ce végétal, on ne s'était pas appliqué à donner des preuves de beaucoup d'art et de patience pour obtenir dans les jardins la production des Pommes de terre.

Vingt-trois ans après, J. Lindley devait confirmer pleinement l'opinion de M. Sabine que la Pomme de terre sortie des tubercules de M. Caldcleugh était bien le type sauvage du *Solanum tuberosum*. Il s'exprime, en effet, en ces termes, dans un mémoire dont nous traduisons ce qui suit.

« Nonobstant toutes les recherches qui ont été faites relativement à l'origine de la véritable Pomme de terre sauvage, des témoignages douteux et contradictoires obscurcissent encore son histoire. Sans nous arrêter aux anciennes allégations aujourd'hui abandonnées, nous voyons que Meyen, dans sa *Géographie botanique* cite, comme sa station naturelle, toute la côte occidentale de l'Amérique du Sud et assure qu'il l'a lui même trouvée à l'état sauvage en deux endroits, sur les Cordillères du Pérou et du Chili ; puis, adoptant le témoignage des Botanistes espagnols, Ruiz et Pavon, il ajoute qu'elle croît spontanément sur la Montagne de Chancay, tout en déclarant positivement, à ce qu'il semble d'après Humboldt, qu'elle n'était pas cultivée par les Mexicains avant l'arrivée des Européens. Il n'est pas cependant absolument certain que les plantes trouvées par Meyen et les Espagnols aient été réellement sauvages. M. Darwin a recueilli des preuves plus évidentes sur ce sujet, pendant le Voyage du Beagle. À la latitude de 45° Sud, sur la côte de l'Amérique du Sud, se trouve un groupe d'îles, appelle par les Géographes l'Archipel des îles Chonos. « La Pomme de terre sauvage, dit M. Darwin, croît dans ces îles en grande abondance sur le sol sablonneux à coquilles du bord de la mer. Les plus grandes tiges avaient quatre pieds de long ; les tubercules étaient généralement petits, mais j'en ai remarqué un, de forme ovale, qui avait deux pouces de diamètre : ils ressemblaient à tous égards à ceux des Pommes de terre d'Angleterre ; ils avaient la même odeur, mais après la cuisson ils se rétrécissaient beaucoup, et étaient aqueux et fades, sans aucun goût d'amertume. Ils sont indubitablement ici indigènes ; ils croissent assez loin dans le Sud, d'après M. Low, jusqu'au 50° de latitude. Les Indiens sauvages de cette région les appellent *Aquinas*. Le Professeur Henslow, qui a examiné les échantillons desséchés que j'ai rapportés ici, dit qu'ils sont semblables à ceux décrits par M. Sabine, provenant de Valparaiso, mais qu'ils constituent une variété qui a été considérée par quelques botanistes comme suffisamment caractérisée. Il est remarquable que la même espèce de plante puisse se trouver sur les montagnes stériles du Chili central, où une goutte de pluie ne tombe pas pendant plus de six mois, et dans les forêts humides de ces îles méridionales ».

» Il ne peut y avoir là d'erreur. Un naturaliste, comme M. Darwin, ne peut pas ne pas reconnaître des Pommes de terre, lorsqu'il les a vues, et toute son histoire de leur découverte est exactement celle d'une plante sauvage. Il est bien certain, toutefois, que dans le Chili même la Pomme de terre croît spontanément, sous la latitude de Valparaiso, car elle a été décrite sous le nom de *Maglia* par Molina et d'autres ; et cette Pomme de terre, apportée en Angleterre par M. Caldcleugh dans l'année 1822, qui a poussé dans le jardin de la Société, ne peut pas plus être distinguée de nos variétés cultivées que celles-ci d'aucune autre. Il est vrai qu'elle en a été séparée botaniquement, soit comme une race, soit comme une espèce, sous le nom de *Solanum Commersonii*, mais les échantillons de ce *Maglia* que j'ai ici, et qui ont été recueillis dans le jardin en 1825, appartiennent sans aucun doute à l'espèce qui est présentement cultivée dans toute l'Europe.

» Le Dr Hooker (*Flora antarctica*) donne plus d'extension à la Pomme de terre sauvage en y comprenant le Pérou, Mendoza et Buenos-Ayres, le *Maglia* gagnant entièrement à travers le continent et croissant aux environs de Buenos-Ayres, dans les haies. Cette dernière station est signalée sur l'autorité de feu le Dr Gillies, mais comme il n'est pas tout à fait certain que la plante qu'il a trouvée dans cette localité soit réellement le *Maglia*, il semble préférable de limiter l'habitat non douteux de la Pomme de terre sauvage entre les parallèles du 30° au 48° de latitude sud. »

Lindley, qui paraît avoir eu du type spécifique de la Pomme de terre une conception très large, quant à ses caractères distinctifs, lit, en effet, « que c'est une erreur de croire que le *Solanum tuberosum* est inconnu à l'état sauvage au Mexique ». Il établit cette opinion, dans ce même mémoire, sur des cultures faites avec des tubercules envoyés à la Société d'horticulture de Londres par M. Uhde, qui avait résidé pendant plusieurs années dans l'ouest du Mexique, et qui avait étiqueté ces tubercules : « Pommes de terre mexicaines sauvages, recueillies à une altitude de 8000 pieds. » Or ces cultures avaient produit divers types, entre autres une plante haute, à tiges et feuilles velues et blanchâtres, très stolonifère, sur les stolons de laquelle croissaient de petits tubercules pas plus gros que des haricots. Lindley n'y voit qu'une simple variété du *S. tuberosum*, mais trouve dans ses cultures deux types très différents, qu'il ne rattache pas à cette espèce, et qu'il décrit et nomme *Solanum demissum* et *cardiophyllum*. Peut-être cette diversité de types aurait-elle dû appeler davantage son attention sur celui qu'il rattachait comme variété au *S. tuberosum*. Quoi qu'il en soit, il parle encore d'autres cultures faites avec un nouvel envoi de M. Uhde, d'échantillons étiquetés : « Tubercules d'une Pomme de terre rouge, trouvés à l'état sauvage au Mexique, à 8000 pieds d'altitude, probablement apportés du Pérou », et « Tubercules d'une Pomme de terre trouvée au Mexique, supposée être péruvienne », enfin « Pommes de terre rouges, semblables aux Péruviennes. »

« Des plantes, dit Lindley, qu'on en avait obtenues, une avait des tubercules blancs en forme de rognons. Leur tige et leur feuillage ressemblaient tout a fait à ceux de certaines variétés de notre Pomme de terre, mais elles différaient des autres qui avaient été envoyées du Mexique en même temps qu'elles. »

Lindley avait constaté, en même temps, que ces nouveaux types ne résistaient pas non plus aux atteintes de la maladie.

D'un autre côté, nous trouvons dans la *Géographie botanique raisonnée* d'Alphonse de Candolle (1855) la traduction suivante d'une lettre écrite du Chili, en 1847, à Sir William Hooker par M. Cruckshands (*Journal de la Société d'hortic. de Londres*), Les observations de ce dernier nous paraissent avoir eu pour objet la Pomme de terre *Maglia* dont il a été question ci-dessus.

« On objecte souvent, écrit M. Cruckshands, que dans les pays où la Pomme de terre croît à l'état sauvage, elle pourrait, comme on l'a remarqué pour d'autres plantes en Amérique, avoir été introduite et n'être pas une espèce indigène. Il y a cependant beaucoup de motifs pour croire qu'elle est indigène au Chili et que les pieds qu'on y trouve sauvages ne sont pas le produit accidentel des plantes cultivées. On les trouve ordinairement sur des pentes rocailleuses et escarpées où l'on n'aurait jamais pu les cultiver, et où le transport accidentel que l'on présume avoir été fait n'aurait pas pu s'effectuer. Cette Pomme de terre sauvage est très commune à Valparaiso, et je l'ai suivie sur la côte à quinze lieues au nord de cette ville ; mais je ne sais pas jusqu'où elle s'étend, soit au nord, soit au midi. Elle habite surtout les falaises et collines du bord de la mer, et je ne me souviens pas de l'avoir vue à plus de deux ou trois lieues des côtes. Il y a une circonstance non mentionnée dans les livres, c'est que la fleur est toujours d'un blanc pur, sans trace de cette teinte pourpre, si commune dans les variétés cultivées, circonstance que je regarde comme une forte preuve de son origine spontanée (*pourquoi ?* dit M. de Candolle). Je déduis une autre preuve de ce fait, qu'on la trouve souvent dans les endroits montueux, loin des cultures, et qu'on ne la voit pas dans le voisinage immédiat des champs et des jardins où l'on cultive la Pomme de terre, à moins qu'un courant d'eau traversant le terrain ne puisse entraîner des tubercules dans les lieux non cultivés. »

» M. Cruckshands, ajoute M. de Candolle, présume que les Pommes de terre sauvages des environs de Lima dont parlait Pavon, doivent leur origine à cette dernière circonstance, au moins pour les parties basses, voisines de la rivière de Chancay, mais il ajoute que l'introduction est moins probable pour les collines, aujourd'hui incultes. » Quoi qu'il en soit, nous voyons que la Pomme de terre Maglia se trouve être considérée, soit par les résultats de la culture, soit par les observations des explorateurs, comme étant sans aucun doute le type sauvage du *Solanum tuberosum*. Nous exposerons plus loin les opinions nouvelles qui se sont manifestées sur ce sujet. En attendant, nous ne croyons pas hors de propos de chercher dans les ouvrages d'autres voyageurs les remarques qu'ils ont pu faire sur la Pomme de terre dans ces mêmes régions péruviennes et chiliennes.

Francis de Castelnau, dans son Voyage à travers l'Amérique du Sud (1843-1847), rapporte que l'on cultivait la Pomme de terre à Samaipata, petit bourg situé sur le plateau qui se trouve au sommet de la montagne de Cincho, puis à Aiquilé, village placé au milieu d'une plaine dont la température moyenne est de 19°, ainsi qu'à Chuquisaca, dont les environs étaient en général arides, alors que les vallées étaient assez bien cultivées à la charrue. D'après le même voyageur, près de la ville de Puno, capitale du Département de ce nom qui fait partie du Pérou, et qui est située à 12,870 pieds anglais au-dessus de la mer, la Pomme de terre y était l'objet d'une grande culture, avec le Maïs, mais on n'y récoltait pas de Froment. À Aréquipa, ville qui est élevée à 7,850 pieds anglais au-dessus de la mer, on évaluait à un dixième du sol cultivé la partie plantée en Pommes de terre.

De Castelnau nous apprend encore, dans son Chapitre où il traite de l'Agriculture au Pérou, qu'on y cultivait plusieurs variétés de Pommes de terre.

» C'est, d'abord, dit-il, la *Maca* qui a la forme d'une figue, qu'on a fait sécher afin qu'elle ne puisse fermenter ; elle se garde sans altération pendant quelques années, si on la renferme dans un endroit sec ; on en extrait une espèce de jus dont l'odeur est assez désagréable pour ceux qui n'y sont pas accoutumés, et que l'opinion générale considère comme un stimulant très actif. On cultive encore la *Oca* qui est plus grande que la *Maca* et très douce lorsqu'elle a été séchée à la gelée et au soleil : elle devient même farineuse ; mais elle se gâte plus tôt que les autres variétés. Nous indiquerons enfin la Masgua, variété de l'*Oca*, qui n'est pas aussi sucrée et dont la forme est aplatie.

» Avec l'*Oca* et la *Masgua* on prépare ce qu'on appelle la *Caya* : les tubercules sont placés dans un puits jusqu'à ce qu'ils y pourrissent, puis sont ensuite exposés au soleil et à la gelée sur une couverture pour être séchés ; ils prennent alors une couleur noirâtre et répandent, quand on les fait cuire, une odeur fétide très désagréable et semblable à celle du cuir pourri. Cette préparation est l'aliment journalier des Indiens.

» Le *Chuno* se fait avec quelques-unes des variétés de la Pomme de terre que nous avons citées plus haut ; le noir est le plus commun. Pour le faire, on expose les Pommes de terre au soleil et au froid pendant quelques jours, en ayant soin de les remuer de temps en temps ; lorsqu'elles sont en partie desséchées, on les pile pour en extraire tout le jus qui pourrait être demeuré en les exposant de nouveau à la gelée.

» Le *Chuno* blanc se fait d'une espèce de grosses Pommes de terre d'un goût amer, qui croît en abondance dans les Départements de Junin, de Cuzco et de Puno. Le procédé de fabrication est celui-ci. Les tubercules sont mis dans un sac que l'on plonge ensuite dans l'eau après le coucher du soleil ; on l'y laisse quinze ou vingt jours, puis on l'en retire ; mais avant le lever de cet astre on pèle les tubercules et on les expose à la gelée : on obtient ainsi en peu de jours un beau *Chuno* blanc que les gens du pays appellent *Moray*. Les Indiens croient qu'il est tout à fait nécessaire à la réussite de l'opération que le sac soit introduit dans l'eau après le coucher du soleil et en soit retiré avant son lever, afin qu'aucun de ses rayons ne frappe la matière, qui, sans cela, deviendrait aussitôt noire.

» La Pomme de terre sèche (*Papa seca*) se fait avec la Pomme de terre ordinaire : on la cuit d'abord, puis on la pèle, et on l'expose à la gelée : au bout de quelques jours elle est prête. Cet aliment, que dans certains endroits on nomme *Chochoca*, est, comme le *Chuno* sain et nourrissant, et on le donne même aux malades. »

Weddell, dans son *Voyage au sud de la Bolivie* en 1845-1846, nous a transmis également quelques détails sur la Pomme de terre. D'après lui, à Pomabamba, qui est élevé de 2,600 mètres au-dessus du niveau de la mer, et où la température moyenne est de 14° les Pommes de terre y prospéraient ; mais toutes celles qu'il y avait vues étaient très petites, ce qu'il attribuait à la pauvreté du sol et au peu de soin qu'on donnait à la culture. À Tarija, qui est à une altitude de 1,770 mètres et où la température moyenne est de 13° la Pomme de terre jaune et ronde était la seule variété qui paraissait sur le marché. « Dans cette ville, dit-il, le Maïs et la Pomme de terre forment le fond de la nourriture des pauvres de la ville. Le pain de froment se rencontre assez abondamment, mais comme il est assez cher, il n'y a que la classe aisée qui puisse s'en nourrir... Quant au *Chupé* ordinaire ou national, c'est une soupe claire dans laquelle nagent des morceaux de mouton ou de bœuf, des Pommes de terre ou des oignons. Dans le *Chairo*, qui est le *Chupé* des Indiens de la *Puna*, les Pommes de terre fraîches sont remplacées par des Pommes de terre gelées (*Chuno*). »

Le même voyageur, qui avait d'abord parcouru les Andes de la Bolivie et du Pérou, à la recherche des arbres dont on retire les Quinquinas, sur lesquels il a publié de très beaux travaux, y a fait une nouvelle exploration en 1851. Le récit de son *Voyage dans le nord de la Bolivie et dans les parties voisines du Pérou* (1853), contient de très instructives observations.

Nous dirons d'abord que Weddell constate la présence de la Pomme de terre à La Paz, qui est à une altitude de 3,730 mètres, mais où la température moyenne est de 10° environ, à Sorata dont l'altitude est de 2,730 mètres, à Tusuaya, altitude de 3,570 mètres, à Guaynapata, altitude de 2,030 mètres, et enfin à Puno, dont l'altitude est environ de 4,130 mètres, et où l'on plante la Pomme de terre en Octobre, c'est-à-dire dans la saison du printemps de cette région. Il a noté également les prix d'un cent de Pommes de terre : à La Paz, la valeur équivalente était de 1 f. 20, à Sorata de 2 f. 10, et à Tipuani, ville de mines, dans la région chaude de l'autre côté des Andes, de 3 f. 60 à 4 f. 80. Mais laissons parler notre savant et consciencieux explorateur.

« La température serait assez uniforme à La Paz, dit Weddell, si la pureté habituelle du ciel ne rendait, pendant les nuits, le rayonnement céleste très considérable, d'où il résulte que les nuits sont ordinairement très froides, comparées aux jours. Cependant, bien qu'à La Paz le thermomètre descende continuellement au-dessous du point de congélation de l'eau, les plantes n'y gèlent que rarement. Cela tient, comme je m'en suis assuré, à ce que, grâce à l'élévation, le froid y est trop sec. Ce qui me fit faire cette remarque, pour la première fois, ce fut devoir que pour faire geler leurs Pommes déterre, dans la préparation du *Chuño*, les Indiens étaient obligés de les arroser. »

Le résultat de ses visites au marché de La Paz, où l'on vient mettre en vente toute sorte de fruits et de légumes, a été consigné par Weddell, dans son récit de voyage, de la façon suivante.

» POMMES DE TERRE ORDINAIRES (*Papas dulces*). Plus petites, en général que les nôtres. La variété qui se présente le plus souvent est de forme arrondie et de couleur jaunâtre, rosée ou violâtre. La Pomme de terre est cultivée aux environs de La Paz et se vend à raison de 9 à 10 réaux (5 f. 40 à 6 f. ») le sac (*costal*) de 5 arrobes (125 livres).

« POMMES DE TERRE AMÈRES (*Papas amargas*). D'un jaune pâle sale, d'une forme souvent un peu aplatie. Ce tubercule est cultivé dans les *punas* les plus froides, et dans des terrains qui ne produisent absolument pas autre chose. L'âcreté qui le caractérise n'est pas forte, et cependant une coction prolongée ne la chasse jamais. La cuisson n'enlève pas non plus sa dureté, qui est bien plus marquée qu'elle ne l'est chez les Pommes de terre en général. Il n'y a guère que les Indiens qui mangent ce légume, et alors c'est ordinairement à l'état de *Chuño*, Chez les Aymaras il porte le nom de *luki* Je n'ai pas eu l'occasion de déterminer si la plante que produit la *papa amarga* est botaniquement différente de celle qui donne la *papa dulce*. Cependant on pourrait presque déduire la conclusion affirmative de la différence des climats auxquels chacune d'elles s'accommode.

» Un mot sur la préparation qui porte le nom de *Chuño*. Dans les parties élevées des Andes, il gèle à peu près toutes les nuits de l'année, et l'on n'y a pas les moyens, comme chez nous., de préserver ses Pommes de terre de l'action de la gelée ; de là la nécessité de les manger le plus souvent gelées, sous peine de ne pas en manger du tout ; seulement, au lieu de les laisser geler, on les fait geler en favorisant l'action du froid de telle sorte qu'aucune partie du tissu des tubercules ne puisse y échapper ; puis on les sèche parfaitement. La Pomme de terre, devenue *Chuño* par ce traitement, se conserve indéfiniment, et elle ne perd aucune de ses qualités nutritives ; peut-être même devient-elle plus facile à digérer qu'auparavant. Quant à son goût, il change du tout au tout, mais je déclare que je n'y trouve, pour mon compte, rien de désagréable.

» On connaît deux variétés principales de *Chuño* de Pommes de terre : le *Chuño negro* et le *Chuño blanco*. Pour faire le premier, on étend les tubercules à l'air, sur une couche mince de paille ; on les arrose légèrement, et on les expose à la gelée pendant trois nuits consécutives. En dégelant ensuite au soleil, ils prennent une consistance spongieuse ; dans cet état, on les foule sous les pieds nus pour en faire tomber l'épiderme et pour en exprimer le jus ; puis on les laisse exposés à l'air jusqu'à ce qu'ils soient parfaitement secs : ils sont alors d'un brun très foncé.

» Pour préparer le *Chuño blanco* il faut, après la congélation des tubercules, les faire macérer pendant une quinzaine de jours dans une eau courante. On creuse, à cet effet, des cavités peu profondes dans le lit d'un ruisseau ou d'une rivière, et on les remplit de Pommes de terre fraîchement congelées, de manière que l'eau puisse couler librement par dessus ; elles prennent ensuite, en séchant, une couleur parfaitement blanche.

» Le goût du *Chuño blanco* est moins prononcé que celui du *Chuño negro* mais, quoique plus délicat, il n'est pas généralement préféré. Le *Chuño negro* a un inconvénient qu'il faut signaler : c'est qu'il demande à être plongé dans l'eau pendant six à huit jours avant d'être employé, tandis qu'une macération de trente-six heures suffit pour amollir le *Chuño blanco*.

» Au Pérou et dans les pays analogues, la conversion des Pommes de terre en *Chuño* a des avantages incontestables ;

elle y est, comme on l'a vu, presque indispensable. En Europe, où les circonstances sont bien différentes, on ne tentera probablement de faire du *Chuño* que par curiosité. Je ferai remarquer, d'ailleurs, que cette fabrication y serait, en général, beaucoup moins facile que sur les plateaux des Andes, par suite de la difficulté que l'on éprouverait à opérer la dessiccation des tubercules congelés, sans recourir à des moyens artificiels. À une grande hauteur, en effet, l'évaporation est rendue plus prompte par la diminution de la pression atmosphérique, et elle est encore hâtée durant le jour par l'intensité de la chaleur solaire.

» Un autre moyen, employé en Bolivie pour conserver les Pommes de terre, consiste à les cuire, à les peler et à les sécher à l'air. On appelle cette préparation *Cucupa*. »

Ces renseignements détaillés que nous donne Weddell sont précieux parce qu'ils achèvent de nous faire connaître ce *Chumo, Ciuno, Chuno* ou *Chugno*, dont il a été si souvent question dans les passages que nous avons cités plus haut, d'après les premiers auteurs qui ont parlé des usages que faisaient les Péruviens de la Pomme de terre.

Nous trouvons encore, dans le même ouvrage de Weddell, un passage fort intéressant au sujet d'une constatation qu'il a faite d'une Pomme de terre sauvage. Voici ce qu'il nous apprend à ce sujet, dans le récit de son voyage de La Paz à Tipuani, par un chemin des plus scabreux, au milieu d'une végétation tropicale, sur le versant oriental des Andes.

» Un orage se déclara pendant la nuit, et la pluie continua de tomber avec tant de violence le lendemain, que nous jugeâmes à propos d'attendre, pour quitter notre abri, que le temps se remît. Pendant les intervalles de calme qui eurent lieu, dans l'après-midi, je fis une tentative de chasse dans les environs, avec un Indien pour guide… Je rapportai de ma course un objet curieux : c'était une Pomme de terre, différente de l'espèce ordinaire. Elle croissait abondamment dans un semis de Maïs, où je la pris, tout d'abord, pour celle que tout le monde connaît, bien qu'elle me parût avoir les fleurs plus grandes ; et je m'étonnais d'autant plus de la voir en ces lieux, que tout le monde m'avait assuré qu'on ne la trouvait plus du tout, au-dessous de Guaynapata. On me dit alors que ce n'était pas la Pomme de terre commune que j'avais ramassée, mais une espèce sauvage, connue sous le nom de *Papa sylvestre* ou *Lilicoya*, qui levait spontanément dans les cultures ; et on m'assura que chaque fois que, dans ce ravin, on détruisait une forêt par le feu pour y faire des semis, il était très rare que la *Lilicoya* n'y parût pas peu après. Les gens du pays expliquaient ce phénomène en supposant que, du temps de *los gentiles* (Indiens non convertis au christianisme), c'est-à-dire avant la conquête, il y avait en ces lieux des cultures étendues, sur l'emplacement desquelles la forêt a repris son empire, et que les germes de la *Lilicoya* s'y sont conservés jusqu'à nos jours, pour se montrer à la lumière, toutes les fois que des conditions favorables à leur développement viennent à se présenter. Les tubercules de la *Lilicoya* sont de la grosseur de la Pomme de terre commune mais ils en diffèrent par la saveur ; ils sont âcres comme les *Papas amargas* des *Punas*, et on les recueille très rarement pour cette raison, et surtout parce que la gelée n'est pas là pour en corriger le goût. »

Claude Gay, membre de l'Académie des Sciences (Section de Botanique), qui a fait une longue résidence dans le Chili, dont il a publié en 1849, sous les auspices du Gouvernement de ce pays, une *Histoire physique et politique*, traite dans sa *Flora Chilena*, qui fait partie de ce grand ouvrage, du *Solanum tuberosum*. Voici ce qu'il dit dans une Note, qui fait suite à sa description de la Pomme de terre, et dont nous donnons la traduction.

« Après le Blé, nul doute que les *Papas* sont le produit le plus important et le plus précieux de notre Agriculture : on ne peut assez l'admirer comme une des plus grandes faveurs que nous prodigue la Providence, et comme la plus belle conquête que l'Europe ait pu faire dans le Nouveau-Monde. D'une culture simple et facile, elle peut végéter dans tous les pays, dans les plus chauds comme dans les froids ; craignant moins que le Blé et les autres légumes les intempéries et les accidents atmosphériques, ce précieux tubercule s'est répandu rapidement sur toute la surface de la terre, et par ses abondantes récoltes et ses excellentes qualités nutritives, il forme aujourd'hui le principal aliment des peuples, en contribuant singulièrement à leur bien-être et à les préserver pour toujours des horreurs de la famine !

» Vers la fin du XVIᵉ siècle, il fut introduit en Europe ; mais sa culture ne se répandit complètement qu'un siècle après, et depuis elle s'est propagée avec la plus admirable rapidité. On ne connait pas avec certitude celui qui a eu l'insigne honneur de l'importer en Europe, bien que plusieurs auteurs l'attribuent au gouverneur Walter Raleigh, non plus de quel pays elle provient, de même qu'on ignore l'origine d'une infinité de plantes précieuses qui se cultivent depuis un temps immémorial. Malgré tout, dans un Mémoire que nous publions sur l'Araucanie, nous croyons pouvoir prouver que le Chili peut être regardé comme la véritable patrie de cette manne céleste, vu le grand nombre de localités dans lesquelles on la rencontre à l'état complètement sauvage : aussi, laissant de côté celles où elle se montre dans le voisinage de certaines villes ou de certains endroits habités, et où elle a pu émigrer sans doute des champs cultivés, nous ne parlerons que des points où nous l'avons rencontrée, dans des parages les plus retirés, et en outre dans les anfractuosités de ces hautes Cordillères que les hommes visitent rarement. Elle se rencontre également dans l'île de Juan Fernandez et dans l'Araucanie ; et, dans les Cordillères voisines de celles de Malvarco, il existe une chaîne de montagnes où les Pommes de terre sont si communes que les Indiens et les soldats de Pincheira allaient les récolter pour en faire leur principal aliment : la montagne y garde le nom de *Poñis*, nom araucanien des *Papas*.

» Avant la conquête, les Chiliens cultivaient ce tubercule et le trouvaient à l'état sauvage aux environs de Santiago ; puis, Valdivia dit expressément dans ses Cartes que les Indiens se nourrissaient avec les *Papas*, qu'ils allaient récolter sur les collines. Depuis lors, cette culture s'est grandement propagée, et aujourd'hui on en connaît plus de trente variétés, toutes portant un nom distinct. Dans le Sud, elles sont plus réputées à cause de leur bon goût ; mais, dans le Nord, elles prospèrent avec une plus grande difficulté et leurs qualités sont en outre inférieures. »

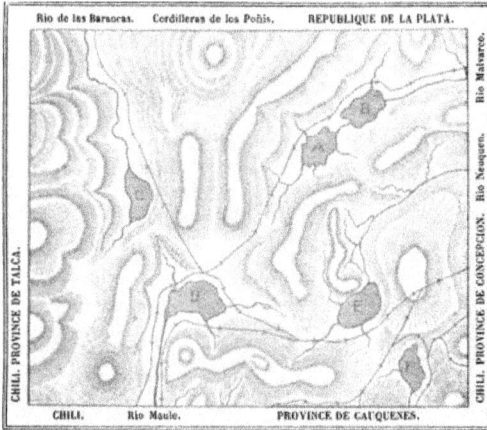

Fig. 7. — Les Cordillères de Malvarco et des Poñis (*Pommes de terre sauvages*) dans les Cordillères des Andes, d'après Claude Gay.
A et B, Lagunas de Malvarco ; C, Laguna Carilauquem ; D, Laguna del Maule ; E, Laguna del Saco ; F, Laguna Colorada ; → → Chemins de passage des Cordillères.

Voici donc des affirmations très catégoriques et desquelles il nous semble résulter qu'il est bien difficile de conserver un doute sur la contrée d'origine du *Solanum tuberosum*. Les cultures de la Pomme de terre qui ont été jadis commencées au Chili, se sont peu à peu propagées au Pérou et en Bolivie, dans l'empire des Incas.

41

Fig. 8. — Vue des Andes.

Les Espagnols, pendant leur conquête, n'ont fait que
constater l'importance que ces cultures avaient prise chez les
Indiens. Seulement, il faut croire que les méthodes appliquées
à la multiplication des tubercules, comme le faisait remarquer
Lindley, laissaient fort à désirer, car la petitesse de ceux qui
avaient été importés, au XVIe siècle en Europe, n'était pas
faite pour exciter l'enthousiasme ni leur assurer de prime
abord une réputation incontestée. Quoi qu'il en soit, il
convient de noter ce que nous a appris Claude Gay, comme
un des renseignements les plus probants sur l'histoire de
l'origine de la Pomme de terre.

D'ailleurs, Weddell, dont la haute compétence en ces
matières ne saurait être méconnue, va appuyer de nouveaux
arguments l'opinion de cette origine chilienne. Dans sa
Chloris Andina, ou *Flore de la région alpine des Cordillères
de l'Amérique du Sud* (1855-1857), ce savant explorateur fait
suivre, des observations suivantes, sa description du *Solanum
tuberosum*.

42

« *Habitat*. — Chili : lieux incultes, dans les parties centrales des Cordillères de Talcarêgué et de Cauquenès. Cultivé dans presque toute l'étendue des Andes, dans les régions froides et tempérées.

» Je n'ai jamais rencontré, au Pérou, le *S. tuberosum* dans des circonstances telles qu'il ne me restât aucun doute qu'il y fût indigène ; je déclare même que je ne crois pas davantage à la spontanéité d'autres individus de cette espèce rencontrés de loin en loin sur les Andes extra-chiliennes et regardés jusqu'ici comme en étant indigènes. Quand on réfléchit que dans l'aride Cordillère, les Indiens établissent souvent leurs petites cultures sur des points qui paraîtraient presque inaccessibles à la grande majorité de nos fermiers d'Europe, on comprend qu'un voyageur visitant par hasard quelqu'une de ces cultures depuis longtemps abandonnée, et y rencontrant un pied de *S. tuberosum* qui y a accidentellement persisté, le recueille dans la persuasion qu'il y est réellement spontané. Mais où est la preuve ?

» En définitive, après avoir lu avec quelque attention ce qui a été dit sur l'origine de la Pomme de terre, je suis porté aussi à présumer que sa véritable patrie est plutôt le Chili que le Pérou. Il ne peut y avoir de doute que la culture de la Pomme de terre au Pérou ne date de fort loin, puisqu'à l'époque de la conquête, on en trouvait dans toutes les parties tempérées de l'Amérique occidentale, du Chili à la Nouvelle-Grenade et même au Mexique, et je suis fort tenté de croire que c'est partout la même espèce ; car bien que la Pomme de terre que l'on cultive sur les hauts plateaux du Pérou soit caractérisée par une certaine âcreté et résiste mieux à la gelée que celle que nous connaissons, il ne parait pas y avoir dans les caractères botaniques proprement dits de raisons suffisantes pour la considérer comme espèce distincte plutôt que comme simple race. Peut-être la *Papa amarga* des Péruviens est-elle le produit de la plante décrite par Dunal sous le nom de *Solanum immite*, mais ses caractères distinctifs sont assez faibles, lorsqu'il s'agit de plantes cultivées. »

Nous arrivons à une période de notre histoire, où la question d'origine de la Pomme de terre, bien que généralement admise en faveur du Chili, va devenir plus problématique en ce sens que le zèle de nouveaux explorateurs va leur permettre de recueillir des spécimens assez voisins du *Solanum tuberosum* pour les identifier avec lui, et cela dans de tout autres régions américaines que le Chili méridional. Voyons déjà ce que dit à ce sujet A. de Candolle, dans sa *Géographie botanique raisonnée* (1855).

« Ruiz et Pavon, fait remarquer A. de Candolle, disaient avoir trouvé le *Solanum tuberosum* sur les collines des environs de Chancay, ville de la côte du Pérou. Pavon écrivait plus tard à Lambert : « Le *S. tuberosum* croît sauvage aux environs de Lima, à quatorze lieues de cette ville, sur la côte ; je l'ai trouvé moi-même au Chili. » Pavon envoya à Lambert des échantillons de la plante sauvage du Pérou. On peut douter cependant que ce fût bien le *S. tuberosum*, car l'espèce ainsi nommée par Pavon dans l'herbier de M. Boissier est, suivant M. Dunal, une espèce voisine (très voisine) de la Pomme de terre, son *Solanum immite*.

»... Meyen (*Grundriss der Pflanzengeographie*) dit avoir trouvé deux fois la Pomme de terre sauvage sur les Cordillères du Chili et du Pérou ; mais il n'avait rapporté d'échantillons que de celles du Chili (Nees, *Act. Acad. nat. cur.*).

»... Une occasion m'a permis d'étudier le *Solanum verrucosum*, en grand. Il a été introduit dans l'agriculture d'un village du pays de Gex, près de Genève, par de simples cultivateurs, qui l'avaient reçu du Mexique, et qui le multipliaient, en 1850-1851, comme exempt de maladie. Les tubercules en sont tardifs, plus petits que ceux du *S. tuberosum*, d'un goût excellent, de chair jaune ; les tiges sont multiples d'un même tubercule, très droites, et sont renflées près des feuilles ; les fleurs sont d'un rouge violet très vif, la baie est tachetée de blanc. D'autres espèces du Mexique, ayant aussi des tubercules, sont indiquées par les auteurs, mais aucune ne paraît rentrer dans le *S. tuberosum*. »

L'extrait suivant d'une publication américaine, *The American Journal of sciences and arts* de Silliman (1856), vient à ce propos corroborer cette dernière opinion d'A. de Candolle. Nous le traduisons comme il suit.

« *Pommes de terre sauvages dans le Nouveau-Mexique et le Texas occidental.* — Nous avons reçu du Dr Myer, par l'intermédiaire du Chirurgien général, un Mémoire détaillé sur la découverte dans le Texas occidental de ce qu'il a cru être le *S. tuberosum* à l'état sauvage ; ce mémoire était accompagné de plusieurs tubercules et de la plante entière préparée et desséchée avec soin. Le Dr Myer a premièrement découvert cette plante sur les bords du Rio Limpio, et s'est assuré ensuite qu'elle était çà et là partout disséminée dans toute cette région, puis dans le Nouveau-Mexique. Les tubercules, quoique petits, étant à peine aussi gros qu'*une noix, ont été recueillis, cuits et mangés par des officiers et des soldats, et ils ont été reconnus à la fois agréables au goût et non malfaisants. Il vint naturellement à l'esprit du Dr Myer que sa découverte pourrait rendre certains services, que ces Pommes de terre sauvages pourraient probablement augmenter de volume et gagner en saveur à la suite d'une culture prolongée ; et que, si la maladie bien connue de la Pomme de terre était due, comme certains le supposent, à une attaque de Champignons microscopiques, ou bien à une faiblesse générale de constitution résultant de la propagation de génération en génération par les tubercules, et de la rareté du renouvellement par les graines, ou de ces deux causes réunies, un remède utile serait de recommencer la culture avec une plante sauvage. Or ces Pommes de terre indigènes de notre propre contrée fourniraient un type excellent pour atteindre ce but, et l'on pourrait espérer les voir résister pendant longtemps à la maladie, sinon tout à fait.

» Telle est, en peu de mots, la substance de l'intéressant Mémoire du Dr Myer, que son Supérieur officiel, le Chirurgien général, nous a adressé pour le publier. Mais la longueur de ce Mémoire ne nous a pas permis de l'insérer dans ce Journal. En outre, les faits et les suggestions qui y sont exposés n'ont pas la nouveauté que le Dr Myer a naturellement supposé qu'ils pouvaient avoir. Nous n'avons pas voulu cependant passer sous silence ses louables efforts et ses observations. Aussi, après avoir donné ce très court extrait des points principaux, qu'il avait traités dans son Mémoire avec plus de détails, nous prendrons la liberté de faire remarquer :

» 1° Que la Pomme de terre sauvage en question est bien une Pomme de terre, mais non de la même espèce que le *Solanum tuberosum*. On rencontre, en effet, dans cette région, deux espèces tubérifères de *Solanum*, L'une a une corolle blanche à 5 divisions et des folioles oblongues-lancéolées ordinairement à la base : c'est probablement le *S. Jamesii* de Torrey (lequel, si nous ne nous trompons, était signalé à tort comme étant annuel) ; l'autre, d'après les échantillons envoyés par le Dr Myer, a une corolle bleue, quinquelobée, et des folioles ovales ou arrondies qui sont souvent légèrement cordiformes à la base : cette espèce, si elle n'a réellement pas été décrite, sera bientôt publiée sous le nom de *S. Fendleri*. Toutes les deux se distinguent du *S. tuberosum* par leurs folioles uniformes, ou seulement par la petitesse de leurs paires de folioles basilaires, tandis que sur la Pomme de terre commune et les dix-huit formes affines reconnues par Dunal comme espèces (mais peut-être seraient-elles toutes de simples variétés d'une seule espèce), une rangée de folioles beaucoup plus petites se trouve interposée entre les plus grandes.

Fig. 9 et 10. — *Solanum Fendleri.*
Sommité fleurie, avec un pétiole stipulé et deux tubercules (1/4
grandeur naturelle).

» 2ᵉ Ces Pommes de terre sauvages ont été connues il y a
déjà quelque temps. En laissant de côté le Dʳ James, qui a
récolté celle qui porte son nom, il y a trente-six ans, sans
savoir si elle était tubérifère, nous pouvons attribuer leur
découverte au très excellent explorateur botaniste, M.
Fendler, dont les collections faites, il y a neuf ans, dans la
partie septentrionale du Nouveau-Mexique, renferment ces
deux espèces avec leurs tubercules.

Elles ont été également recueillies par M. Wright, en
1849, et se trouvent dans son inestimable collection faite
entre le Texas oriental et El Paso, par la route militaire
ouverte alors à travers cette région. En 1851 et en 1852, elles
ont été de nouveau récoltées dans différentes parties du
Nouveau-Mexique par M. Wright, le Dʳ Bigelow et les autres
naturalistes attachés à la Commission mexicaine de
délimitation, lesquels ont reconnu les rapports assez étroits
qu'elles avaient avec la Pomme de terre commune.

» 3ᵉ On a déjà fait plusieurs essais de cultures d'autres espèces très affines en vue de les substituer au *S. tuberosum*, mais sans obtenir les résultats qu'on en espérait. M. A. de Candolle rapporte que le *S. verrucosum* du Mexique avait été cultivé pendant deux ans en Suisse, près de Genève, sans être atteint par la maladie qui avait détruit toutes les récoltes de la Pomme de terre commune dans le voisinage ; mais, la troisième année, cette espèce avait été également attaquée. »

Enfin, nous trouvons dans l'*Illustration horticole* (1877) un très intéressant article de M. Édouard André, dont nous extrayons ce qui suit :

« *La Patrie de la Pomme de terre*. — … Pendant longtemps on ne put découvrir la véritable patrie de la Pomme de terre. Humboldt a déclaré qu'il l'a vainement cherchée et qu'il n'a trouvé aucune Solanée tuberculeuse au Chili, dans la Nouvelle-Grenade, ni au Pérou ; Ruiz et Pavon, qui croyaient l'avoir recueillie dans cette dernière contrée, n'avaient découvert que le *Solanum immite*. En 1822, M, Caldcleugh et M. Cruckshands virent le *S. tuberosum* à l'état sauvage au Chili ; Meyer de même, et enfin Claude Gay.

» Il paraît donc démontré que le *S. tuberosum* n'existe spontané ni au Pérou, ni dans la Nouvelle-Grenade, sur le simple témoignage de Humboldt qui ne l'y a pas rencontré.

» J'ai été plus heureux. J'ai trouvé le *S. tuberosum* authentique et spontané, loin de toute habitation, dans ces conditions qui ne trompent guère un naturaliste, et sur trois points différents.

» La première fois, c'était au sommet du Quindio (Colombie), près du volcan de Tolima, à 3,500 mètres supra-marins et par 4° 34' latitude nord. La plante formait de petites touffes dans l'humus végétal de la forêt, presque sous bois, parmi les arbres rabougris de cette région alpine. Ses longs rameaux étaient à moitié enterrés et blancs, et à leur extrémité les tubercules (ou plutôt les rameaux souterrains renflés) étaient de la dimension d'une petite noix allongée, féculents, légèrement amers. Les fleurs étaient blanches, à peine lilacées, plus petites que dans nos variétés cultivées ; mais j'attribuai leur exiguïté et leur décoloration à l'appauvrissement de la plante sous un climat aussi rigoureux, c'est-à-dire à 1,000 mètres seulement au-dessous des neiges éternelles du Tolima.

» La seconde fois, c'était dans le Cauca, dans les *boquerones* ou taillis qui avoisinent le bourg de La Union, par 1° 33' de latitude nord, c'est-à-dire fort près de l'équateur. L'altitude, cette fois, était bien différente, et ne dépassait pas 1,900 mètres. Aussi, la plante se développait dans toute sa beauté, parmi des taillis de *Siphocampylus*, *Sciadocalyx*, *Ageratum*, *Alonzoa*, *Rubus*, *Lamourouxia*, d'une végétation florissante et couverts de fleurs. C'était en mai de l'année 1876. Les tiges du *S. tuberosum* que je recueillis se dressaient en se soutenant sur les arbustes voisins ; leur feuillage était vigoureux et de superbes ombelles de grandes fleurs violet foncé les accompagnaient. Près des villages de cette région, la plante cultivée ne présentait pas du tout cet aspect, mais formait des touffes courtes et rameuses comme dans les champs d'Europe. D'ailleurs, les pieds spontanés étaient nombreux, épars, loin de tout passage des hommes qui auraient pu les semer par hasard, et ils donnaient bien l'aspect d'une plante « chez elle », comme elle a été semée par la nature.

» La troisième fois, enfin, c'était non loin de Lima, dans la montagne des Amancaës, où croissent les *Amaryllis* de ce nom, et où, parmi la plus pauvre végétation, croît la Pomme de terre en abondance. Elle n'est pas moins répandue dans l'île de San Lorenzo, près du Gallao, port de Lima. Dans ces deux localités, elle aurait pu être apportée par la main des hommes, mais ceux-ci l'eussent-ils implantée sur des rochers inaccessibles et dénudés où ils ne mettent jamais le pied, n'ayant rien à y faire ? D'ailleurs, les semences de la Pomme de terre ne sont pas de celles que le vent emporte et dissémine facilement. Sur les échantillons que j'ai rapportés du Pérou, les fleurs sont toutes lilas pâle, les tubercules petits, oblongs, peu savoureux. Je crois encore que la plante est là dans sa patrie naturelle, mais je ne l'affirme pas absolument.

» Je pense donc que l'opinion de Humboldt ne suffit point pour déclarer que la Pomme de terre ne se trouve pas au

Pérou, dans l'Équateur et la Nouvelle-Grenade, et je crois fermement que de nouvelles investigations la feront rencontrer sur d'autres points de ces contrées. »

L'habile explorateur a-t-il eu raison de croire qu'il avait enfin mis la main sur d'authentiques spécimens de la Pomme de terre sauvage ? Son récit, qu'anime l'enthousiasme de cette découverte, le ferait supposer. Cependant, nous allons voir ce qu'en ont pensé les phytographes, plus froids dans leur jugement. Le très intéressant ouvrage d'A. de Candolle, déjà cité, L'*Origine des plantes cultivées* (1883), nous procure à la fois un résumé de tout ce que nous avons fait ci-dessus connaître et une première opinion sur les résultats de l'exploration de M. Édouard André. Nous en extrayons ce qui suit :

» Il est bien prouvé qu'à l'époque de la découverte de l'Amérique la culture de la Pomme de terre était pratiquée, avec toutes les apparences d'un ancien usage, dans les régions tempérées qui s'étendent du Chili à la Nouvelle-Grenade, à des hauteurs différentes selon les degrés de latitude. Cela résulte du témoignage de tous les premiers voyageurs.

» Dans les parties tempérées orientales de l'Amérique méridionale, par exemple sur les hauteurs de la Guyane et du Brésil, la Pomme de terre n'était pas connue des indigènes, ou, s'ils connaissaient une plante analogue, c'était le *Solanum Commersonii* qui a aussi des tubercules et se trouve sauvage à Montevideo et dans le Brésil méridional. La vraie Pomme de terre est bien cultivée aujourd'hui dans ce dernier pays, mais elle y est si peu ancienne qu'on lui a donné le nom de *Batate des Anglais*. D'après de Humboldt, elle était inconnue au Mexique, circonstance confirmée par le silence des auteurs subséquents, mais contredite, jusqu'à un certain point, par une autre donnée historique.

»… Personne ne peut douter que la Pomme de terre ne soit originaire d'Amérique ; mais pour connaître de quelle partie précisément de ce vaste continent, il est nécessaire de savoir si la plante s'y trouve à l'état spontané et dans quelles localités.

» Pour répondre nettement à cette question, il faut d'abord écarter deux causes d'erreurs : l'une qu'on a confondu avec la Pomme de terre des espèces voisines du genre *Solanum* ; l'autre que les voyageurs ont pu se tromper sur la qualité de plante spontanée.

» Les espèces voisines sont le *Solanum Commersonii* de Dunal, dont j'ai déjà parlé ; le *S. Maglia* de Molina, espèce du Chili ; le *S. immite* de Dunai, qui est du Pérou ; et le *S. verrucosum* de Schlechtendahl, qui croît au Mexique. Ces trois sortes de *Solanum* ont des tubercules plus petits que le *S. tuberosum* et diffèrent aussi par d'autres caractères indiqués dans les ouvrages spéciaux de botanique. Théoriquement on peut croire que toutes ces formes et d'autres encore croissant en Amérique, dérivent d'un seul état antérieur ; mais, à notre époque géologique, elles se présentent avec des diversités qui me paraissent justifier des distinctions spécifiques, et il n'a pas été fait d'expériences pour prouver qu'en fécondant l'une par l'autre on obtiendrait des produits dont les graines (et non les tubercules) continueraient la race. Laissons de côté ces questions plus ou moins douteuses sur les espèces. Cherchons si la forme ordinaire du *S. tuberosum* a été trouvée sauvage, et notons seulement que l'abondance des Solanum à tubercules croissant en Amérique dans les régions tempérées, du Chili ou de Buenos-Ayres jusqu'au Mexique, confirme le fait de l'origine américaine On ne saurait rien de plus que ce serait une forte présomption sur la patrie primitive.

» La seconde cause d'erreur est expliquée très nettement par le botaniste Weddell, qui a parcouru avec tant de zèle la Bolivie et les contrées voisines. « Quand on réfléchit, dit-il, que dans l'aride Cordillère les Indiens établissent souvent leurs petites cultures sur des points qui paraîtraient presque inaccessibles à la grande majorité de nos fermiers d'Europe, on comprend qu'un voyageur, visitant par hasard une de ces cultures depuis longtemps abandonnées, et y rencontrant un pied de *S. tuberosum* qui y a accidentellement persisté, le recueille, dans la persuasion qu'il y est réellement spontané : mais où est la preuve ? »

Fig. 11 et 12. — *Solanum Maglia* de Schlechlendahl.
Sommité en boutons, avec deux fleurs épanouies, vues de face et de côté (3/4 grandeur naturelle).

» Voyons maintenant les faits. Ils sont nombreux pour ce qui concerne la spontanéité au Chili.

» En 1822, A. Caldcleugh, consul anglais, remet à la Société d'horticulture de Londres des tubercules de Pommes de terre qu'il avait recueillis « dans des ravins autour de Valparaiso. » Il dit que ces tubercules sont petits, tantôt rouges et tantôt jaunâtres, d'un goût un peu amer. « Je crois, ajoute-t-il, que cette plante existe sur une grande étendue du Littoral, car elle se trouve dans le Chili méridional, où les indigènes l'appellent *Maglia*. » Il y a probablement ici une confusion avec le *S. Maglia* des botanistes ; mais les tubercules de Valparaiso, plantés à Londres, ont donné la vraie Pomme de terre, ce qui saute aux yeux en voyant la planche coloriée de Sabine dans les Transactions de la Société d'horticulture. On continua quelque temps à cultiver cette plante, et Lindley certifia de nouveau, en 1847, son identité avec la Pomme de terre commune. Les Pommes de terre décrites avaient des fleurs blanches, comme cela se voit dans quelques variétés cultivées en Europe. On peut présumer

52

que c'est la couleur primitive pour l'espèce, ou au moins, une des plus fréquentes à l'état spontané.

» Darwin, dans son voyage à bord du *Beagle*, trouva la Pomme de terre sauvage dans l'archipel Chonos, du Chili méridional, sur les sables du bord de la mer, en grande abondance, et végétant avec une vigueur singulière, qu'on peut attribuer à l'humidité du climat. Les plus grands individus avaient quatre pieds de hauteur. Les tubercules étaient petits, quoique l'un d'eux eût deux pouces de diamètre. Ils étaient aqueux, insipides, mais sans mauvais goût après la cuisson. « La plante est indubitablement spontanée », dit l'auteur, et l'identité spécifique a été confirmée par Henslow d'abord et ensuite par Sir Joseph Hooker, dans son *Flora antarctica*.

» Un échantillon de notre herbier recueilli par Claude Gay, attribué au *S. tuberosum* par Dunal, porte sur l'étiquette : « Au centre des Cordillières de Talcarégué et de Cauquenès, dans les endroits que visitent *seulement les botanistes et les géologues* ». Le même auteur Cl. Gay, dans son *Flora Chilena*, insiste sur la fréquence de la Pomme de terre sauvage au Chili, jusque chez les Araucaniens, dans les montagnes de Malvarco, où, dit-il, les soldats de Pincheira allaient les chercher pour se nourrir. Ces témoignages constatent assez l'indigénat au Chili pour que j'en omette d'autres moins probants, par exemple ceux de Molina et de Meyen, dont les échantillons du Chili n'ont pas été examinés.

» Le climat des côtes du Chili se prolonge sur les hauteurs en suivant la chaîne des Andes, et la culture de la Pomme de terre est ancienne dans les régions tempérées du Pérou, mais la qualité spontanée de l'espèce y est beaucoup moins démontrée qu'au Chili. Pavon prétendait l'avoir trouvée sur la côte, à Chancay et près de Lima. Ces localités paraissent bien chaudes pour une espèce qui demande un climat tempéré ou même un peu froid. D'ailleurs l'échantillon de l'herbier de M. Boissier recueilli par Pavon, appartient, d'après Dunal, à une autre espèce qu'il a nommée *S. immite*. J'ai vu l'échantillon authentique et n'ai aucun doute que ce ne soit une espèce distincte du *S. tuberosum*. Sir W. Hooker cite un échantillon, de Mac Lean, des collines autour de Lima, sans aucune information sur la spontanéité. Les échantillons (plus ou moins sauvages ?) que Matthews a envoyés du Pérou à Sir W. Hooker appartiennent, d'après Sir J. Hooker, à des variétés un peu différentes de la vraie Pomme de terre. M. Hensley, qui les a vus récemment dans l'herbier de Kew, les juge « des formes distinctes, pas plus cependant que certaines variétés de l'espèce ».

» Weddell, dont nous connaissons la prudence dans cette question, s'exprime ainsi : « Je n'ai jamais rencontré au Pérou le *Solanum tuberosum* dans des circonstances telles qu'il ne me restât aucun doute qu'il fût indigène ; je déclare même que je ne crois pas davantage à la spontanéité d'autres individus rencontrés de loin en loin sur les Andes extra-chiliennes et regardés jusqu'ici comme étant indigènes. »

» D'un autre côté, M. Ed. André a recueilli, avec beaucoup de soin, dans deux localités élevées et sauvages de la Colombie, et dans une autre près de Lima, sur la montagne des Amancaës, des échantillons qu'il pensait pouvoir attribuer au *S. tuberosum*. M. André a eu l'obligeance de me les prêter. Je les ai comparés attentivement avec les types des espèces de Dunal dans mon herbier et dans celui de M. Boissier. Aucun de ces *Solanum*, à mon avis, n'appartient au *S. tuberosum*, quoique celui de La Union, près du fleuve Gauca, s'en rapproche plus que les autres. Aucun, et ceci est encore plus certain, ne répond au *S. immite* de Dunal. Ils sont plus près du *S. Colombianum* du même auteur, que du *tuberosum* et de l'*immite*. L'échantillon du Mont Quindio présente un caractère bien singulier. Il a des baies ovoïdes et pointues.

» Au Mexique, les *Solanum* tubéreux attribués au *S. tuberosum*, ou, selon M. Hensley, à des formes voisines, ne paraissent pas pouvoir être considérés comme identiques avec la plante cultivée. Ils se rapportent au *S. Fendleri*, que M. Asa Gray a considéré d'abord comme espèce propre, et ensuite comme une forme du *S. tuberosum* ou du *S. verrucosum*.

» Nous pouvons conclure de la manière suivante :

» 1° La Pomme de terre est spontanée au Chili, sous une forme qui se voit encore dans nos plantes cultivées.

» 2° Il est très douteux que l'habitation naturelle s'étende jusqu'au Pérou et à la Nouvelle-Grenade.

» 3° La culture était répandue, avant la découverte de l'Amérique, du Chili à la Nouvelle-Grenade… »

Nous nous contenterons de noter ici qu'A. de Candolle, partageant l'opinion de Sabine et de Lindley, continue à considérer le *Maglia*, qu'il ne croit pas être le *S. Maglia* des botanistes, comme étant un des types sauvages de la Pomme de terre.

En 1883, nous constatons l'apparition d'une nouvelle espèce de *Solanum* tuberculifère. M. Blanchard, jardinier en chef du Jardin botanique à Brest, l'y avait cultivée, ou plutôt, comme il le dit, laissée au même endroit et cela pour cette raison qu'il lui était à peu près impossible de la détruire. Tous les ans, à la fin de Juin ou au commencement de Juillet, il en faisait la récolte. Mais malgré tous les soins qu'il apportait à cette opération, il en restait assez en terre pour que, l'année suivante, le champ s'en trouvât garni, tant elle est traçante. Cette espèce avait été découverte, en 1841, dans les dunes de la Plata par le Dr Désiré Petit, qui en avait rapporté seulement des échantillons desséchés. Elle fut retrouvée dans l'île Goritti, à l'embouchure du Rio de la Plata, en face de la ville de Maldonado, à 35° de latitude sud et 58° de longitude ouest, par le Dr Ohrond, qui en apporta des tubercules en France en 1882, lesquels furent cultivés à Brest. Le Dr Ohrond avait remarqué que l'île Goritti est inhabitée, sablonneuse, à sables très meubles et fins, contenant une grande quantité de débris de coquilles. Les tubercules avaient été trouvés à la surface du sable, au nombre de six, de la grosseur à peu près d'une aveline ; mais les recherches faites dans les sables du lieu même et du voisinage, dans le but d'en découvrir d'autres, étaient restées vaines. Il s'agissait donc bien d'une Pomme de terre sauvage. M. Carrière, après l'avoir cultivée à Montreuil, dans un terrain siliceux, la fit connaître dans un article de la *Revue Horticole*, intitulé : *Nouvelle espèce de Pomme de terre*. Il en donna la description et des figures, et la nomma *Solanum Ohrondii*, jugeant très bien que tout en ayant des affinités avec le *S. tuberosum*, elle en différait par des caractères assez nets pour constituer une espèce particulière.

Des observations qu'avait faites M. Carrière, il résultait aussi que sa végétation était presque continue, « C'est au point, dit-il, que l'on pourrait faire deux récoltes là où le climat est chaud, et même, dans ces conditions ce serait presque une récolte permanente. Ainsi, à Montreuil, nous en avons planté en Avril qui étaient mûres en Juin et replanté une deuxième saison en Septembre, qui fleurirent environ cinq semaines après la plantation. Elle présente aussi dans sa végétation cette particularité que les drageons (tiges souterraines) qui donnent des bourgeons, fleurissent presque aussitôt qu'ils sont sortis du sol. C'est aussi ce qui est arrivé pour celles que nous avons plantées en deuxième saison... Quant à la qualité, nos expériences s'accordent avec celles de M. Blanchard. Ainsi, nous avons fait cuire les tubercules dans l'eau, dans le feu ou sur un fourneau dans de la cendre, et toujours ils se sont montrés d'assez bonne qualité. La chair est d'une extrême densité : quelle que soit la cuisson, elle est si ferme qu'on peut la couper comme on le ferait d'un morceau de terre glaise.

M. Blanchard, dans ses cultures de la Pomme de terre Ohrond, n'en avait obtenu que des tubercules pesant en moyenne 15 à 18 grammes ; quelques autres pesaient de 70 à 72 grammes, un seul avait présenté un poids de 85 grammes. Nous pouvons dire tout de suite ici que les essais de culture qui ont été faits depuis lors de ce nouveau *Solanum* n'ont pas donné les résultats qu'on en avait tout d'abord espérés. La plante s'est toujours montrée stolonifère et productive de petits tubercules peu nombreux. Ceci même en accentue les différences qu'elle présentait d'abord avec le *S. tuberosum* et l'a fait à peu près abandonner.

Fig. 13 et 14. — *Solanum Ohrondii* de Carrière.
Une sommité fleurie avec deux tubercules (1/2 grandeur naturelle)

En 1884, Sir J. D. Hooker publiait dans le *Botanical Magazine* une description très détaillée et une belle planche du *Solanum Maglia*, et les accompagnait des observations suivantes que nous traduisons en ces termes.

« La planche qui se trouve placée à côté de notre description représente avec tous ses caractères la plante dont les tubercules ont été envoyées par Al. Caldcleugh, du Chili à la Société royale d'horticulture, en 1822, comme étant de ceux de la véritable Pomme de terre sauvage, et qui a été ensuite trouvée par Darwin dans l'Archipel des îles Chonos et mentionnée dans son récit du *Voyage du Beagle*. L'histoire de ces deux découvertes est bien connue. Les tubercules de M. Caldcleugh, du volume d'un œuf de pigeon et même plus petits, avaient après la cuisson la saveur d'une Pomme de terre ordinaire. Cette plante et ses tubercules ont été parfaitement décrits par Sabine dans les *Transactions* de la Société. Darwin a décrit ses tubercules comme étant ovoïdes, d'un diamètre de deux pouces, et comme ayant exactement la même odeur et la même forme que la Pomme de terre ordinaire ; mais lorsqu'ils étaient bouillis, ils se rétrécissaient et devenaient aqueux et insipides. Des tubercules de la même espèce ont été donnés à Kew, en 1862, par le Dr Sclater : ils s'étaient développés dans le sol sablonneux d'un parc, sans engrais. Plantés à Kew, ils ne produisirent aucun tubercule en 1863 et 1864 ; mais ils en ont formé depuis, comme la planche les représente, la culture en ayant été continuée depuis cette époque.

« Néanmoins, il semble résulter des recherches de M. Baker, que le *Solanum Maglia*, qui est certainement une plante du rivage de la mer, n'est pas le type originaire de la Pomme de terre, que l'on doit chercher dans le *S. tuberosum* qui s'y rattache étroitement et qui a pris naissance sur les Andes du Chili et du Pérou... Les espèces affines du *S. Maglia* ont leur extension dans le Nord, au Nouveau-Mexique, où l'on a découvert les *S. Jamesii* et *Fendleri*, que l'on a mis récemment en culture.

» Des expériences ont été commencées, sous les auspices de la Société royale d'Agriculture, pour améliorer les qualités de la Pomme de terre, surtout au point de vue de sa force de résistance aux attaques de la maladie, en croisant le *S. tuberosum* avec ses espèces affines, parmi lesquelles se trouve le *S. Maglia*, que l'on propose d'appeler désormais « La Pomme de terre de Darwin ».

» La plante dont nous donnons le dessin, et qui a été obtenue avec les tubercules du Dr Sclater, fleurit très bien chaque automne, mais produit des tubercules aqueux, à peine mangeables. »

Dans la même année, 1884, M. Baker publiait dans le *Journal de la Société linnéenne de Londres* un Mémoire intitulé : *A Review of the Tuber-bearing Species of Solanum*, dans lequel il s'était proposé de passer en revue les espèces de Solanum qui produisent des tubercules.

« Il est d'un grand intérêt, dit-il, aux points de vue botanique et économique tout à la fois, de rechercher, parmi les nombreux types de *Solanum* qui produisent des tubercules, quelle est leur individualité climatérique et géographique et quels sont leurs caractères différentiels et leurs rapports réciproques. Comme il reste encore plusieurs points à éclaircir Je me propose, dans le présent Mémoire, de passer en revue les matériaux que nous possédons en Angleterre, relativement à cette question. C'est à l'instigation du Comte Cathcart que j'ai entrepris cette étude, et, pour la mener à bien, j'ai examiné tous les échantillons desséchés de Kew, du British Muséum et de l'herbier Lindley, j'ai étudié avec soin les types sauvages que nous cultivons dans le Jardin des plantes herbacées à Kew et j'ai visité les très grandes cultures d'essais de MM. Sutton et Cie à Reading, dont la collection des types cultivés à l'état vivant est probablement la plus complète qui existe, et auxquels je suis très reconnaissant de leur aide obligeante.. Je me propose, en premier lieu, de traiter en détail les espèces et les variétés au point de vue géographique, puis de les décrire sommairement au point de vue de la botanique systématique, enfin de faire quelques remarques générales sur l'économie résultant de ces faits. »

M. Baker répartit comme il suit les espèces de *Solanum* à tubercules, dont il donne des descriptions et signale les nombreuses stations :

I. CHILI. — *Solanum tuberosum* L., *S. eutuberosum* Lindley, *S.* Fernandezianum *Philippi,* S. Maglia *Schlechtendahl,* S. collinum *Dunal ;*

II. BRÉSIL, URUGUAY et RÉPUBLIQUE ARGENTINE. — *S. Gommer*, sonii Dunal, *S. Ohrondii* Carrière ;

III. PÉROU, BOLIVIE, ÉQUATEUR et COLOMBIE. — *S. tuberosum* L., *S. Otites* Dunal, *S. Andreanum* Baker, *S. immite* Dunal, *S. Colombianum* Dunal, *S. Valenzuelœ* Palacio.

IV. MEXIQUE. — *S. verrucosum* Schlechtendahl, *S. suaveolens* Kunth et Bouché, *S. stoloniferum* Schlechtendahl, *S. demissum* Lindley, *S. utile* Klotzsch, *S. squamulosum* Mart. et Galeotti, *S. cardiaphyllum* Lindley, S oxycarpum Schiede.

V. ÉTATS-UNIS DU SUD-OUEST. — *S. Fendleri* Asa Gray, *S. Jamesii* Torrey.

Puis, pour conclure, M. Baker déclare que, parmi les vingt espèces ci-dessus nommées, il n'en reconnaît comme certainement distinctes que six, savoir : *S. tuberosum* L., *S.*

Maglia Schlecht., *S. Commersonii* Dunal, *S. cardiophyllum* Lindley, S. *Jamesii* Torrey et S. *oxycarpum* Schiede. Par suite, il considère comme de simples formes ou variétés : 1° du S. tuberosum, les *S. etuberosum, Fernandezianum, immite, Colombianum, Otites, Valenzuelæ, verrucosum, debile, stoloniferum, utile, squamulosum* et *Fendleri*, et 2° du S. Commersonii, les S. Ohrondii et collinum. Enfin il admet comme une espèce nouvelle et très distincte, le *S. Andreanum*, c'est-à-dire la plante que M. Ed. André avait recueillie à La Union, puis il rattache au *S. Otites* Dunal celle du Quindio et au *S. tuberosum*, celle de Lima.

Ainsi, le résultat définitif du travail de M. Baker serait d'annuler à peu près tous les travaux de ses devanciers, en tant que distinction d'espèces affines du *S. tuberosum* et du *S. Commersonii*, et de reconnaître pour la patrie de la Pomme de terre, non plus seulement l'Amérique du Sud, mais l'Amérique du Nord, puisqu'on en aurait découvert de simples formes ou variétés au Chili, au Pérou, dans la Bolivie, l'Equateur, la Colombie, le Mexique et les États-Unis.

Fig. 15 à 17. — *Solanum stoloniferum* de Schlechtendahl.
Sommité fleurie, avec deux tubercules (3/4 gr. nat.)

La lecture du précédent Mémoire ne laissa pas que d'émouvoir vivement A. de Candolle. Il y répondit en 1886 par une Note qu'il publia dans les *Archives des sciences physiques et naturelles de Genève*. Cette Note porte pour titre : *Nouvelles recherches sur le type sauvage de la Pomme de terre* (*S. tuberosum*).

M. Baker avait accompagné son Mémoire de six planches représentant les six types distincts de *Solanum* à tubercules qu'il avait admis. La planche la plus importante devait naturellement être celle qui était consacrée au *S. tuberosum*, espèce à formes si multiples qu'elle devait être préparée de façon à pouvoir répondre à tous les doutes.

« À la première vue de cette planche de M. Baker, dit A. de Candolle, il me fut impossible d'admettre l'identité avec le *S. tuberosum* cultivé... La principale différence entre le *S. tuberosum* cultivé et la planche de M. Baker se trouve dans la forme des lobes du calyce, aigus dans l'un, obtus dans l'autre. Ceci m'a fait examiner sous ce point de vue, jusqu'alors trop négligé, des formes voisines rapportées quelques fois au *S. tuberosum*. Pour plus d'informations je me suis adressé à M. le Prof. Philippi, de Santiago, et à M. le Prof. Hieronymus, maintenant de retour en Allemagne, afin d'obtenir d'eux, si possible, des échantillons du Chili et de la République Argentine. Ces deux savants ont bien voulu me communiquer, le premier des fleurs de certains Solanums du Chili, le second des exemplaires complets d'espèces en deçà des Andes. En outre, M. le Dr Masters a eu l'obligeance de recueillir pour moi des informations sur les variétés cultivées de la Pomme de terre, ce dont je m'empresse de le remercier, ainsi que les honorables correspondants susnommés. Grâce à leurs documents et aux échantillons de mon herbier, je crois pouvoir affirmer, avec plus de certitude qu'auparavant, quelles formes indigènes ont été confondues avec le *S. tuberosum*, mais il n'en est pas résulté pour moi de changer d'opinion sur le type originel de la plante cultivée. »

« Quand on regarde, ajoute plus loin A. de Candolle, les figures publiées jadis par De l'Escluse (*Clusius*) et Gérard, on est surpris du peu de changement qui s'est opéré dans les organes aériens de la plante. Clusius décrivait la Pomme de terre introduite du Pérou dans le midi de l'Europe au XVIe siècle, par les Espagnols ; Gérard, celle introduite un peu plus tard en Angleterre et en Irlande, par Herriott, compagnon de Walter Raleigh. Les feuilles, fleurs et fruits sont identiques dans ces deux planches et dans la Pomme de terre aujourd'hui cultivée. La forme et l'abondance des tubercules sont telles qu'on les voit encore très souvent, mais les cultivateurs ont multiplié beaucoup de tubercules de forme, grosseur, couleur, saveur ou précocité diverses. Toutes les variétés agricoles reposent sur cet organe variable, dont on a intérêt à conserver les modifications. Le calyce, dans les anciennes figures, est exactement celui de la plante actuelle. Ses lobes sont des lanières allongées, pointues ou lancéolato-acuminées, quelquefois sur le même individu. La corolle variait jadis du bleu à des teintes rosées et au blanc avec raies verdâtres, mais Clusius a eu soin de dire que des semis de fleurs colorées avaient donné quelquefois des fleurs blanches, et de nos jours la couleur varie… »

« Darwin, dit-il encore, a soutenu que les organes ou les caractères persistent ordinairement de génération en génération quand ils ne sont ni nuisibles, ni utiles à l'espèce. L'observation et le raisonnement font comprendre, en effet, qu'une condition nuisible s'oppose à la durée héréditaire d'une forme ou tout au moins la rend problématique dans la lutte entre les êtres organisés, mais qu'une condition sans danger et sans utilité pour l'espèce ou, dans le cas de plantes cultivées, pour l'homme, peut subsister en raison même de son insignifiance.

» Dans les *Solanum* à tubercules, le nombre et la forme des segments de la feuille, la forme des lobes du calice et leur attache sessile ou pétiolulée, la grandeur ou la couleur de la corolle, la forme ou la grosseur des baies, le nombre des graines et quelques autres caractères n'ont pas de conséquences physiologiques, attendu que la propagation se fait au moyen des tubercules, et qu'en même temps l'homme n'accorde à ces caractères aucune attention au point de vue de son intérêt. S'il opère quelque sélection, c'est en soignant et plantant les plus gros tubercules, ce qui conduit à éliminer aussi les variétés qui fleurissent et fructifient le plus, car la fécule se produit alors dans le haut de la plante au détriment des rameaux souterrains. Les autres caractères paraissent avoir moins d'importance pour le produit et les cultivateurs ne s'en sont guère occupés.

» La règle générale est donc, si l'on veut chercher l'état primitif d'une espèce cultivée, de faire attention, surtout aux organes et aux caractères que l'homme n'a pas intérêt à voir changer.

»... La grandeur, la forme et la pubescence des segments de la feuille varient plus dans les Pommes de terre cultivées que les lobes du calyce. Ceci est conforme à ce qu'on pouvait prévoir d'après la règle invoquée tout à l'heure. Il est possible, en effet, que les surfaces foliacées influent sur l'abondance de la fécule, ce qui a pu engager les agriculteurs à préférer telle ou telle modification des feuilles. Au contraire, les lobes du calyce ne pouvant influer en aucune manière sur les tubercules, ils se sont conservés tels depuis trois siècles.

» Cherchons quelles sont les formes spontanées de l'Amérique méridionale qui ressemblent le plus au *S. tuberosum* cultivé.

» J'éliminerai d'abord les espèces ou variétés du Chili et des pays adjacents où les lobes du calyce sont obtus. C'est le cas, par exemple, du *Solanum* des Andes chiliennes recueilli par Bridges que M. Baker rapporte avec beaucoup d'autres au *S. tuberosum*.

» Sa description des lobes du calyce n'étant pas tout à fait d'accord avec la figure, j'ai prié M. Baker de vérifier le caractère dans l'herbier de Kew. Il a bien voulu m'envoyer une fleur, ou plutôt un calyce qui renferme un jeune fruit, tiré de l'échantillon même de Bridges. Ce calyce est exactement celui de la figure, en particulier du fruit jeune dessiné à part. Les lobes sont ovales, obtus avec un bord arrondi, ondulé, portant quelquefois une courte dent (mucro) qu'on ne voit pas dans la planche et qui n'existe pas sur tous les lobes de la même fleur. Tube et lobes du calyce, dans leur ensemble, n'ont pas plus de $0^m,003$ à $0^m,004$, tandis que dans la Pomme de terre cultivée ils ont au moins $0^m,006$ et ordinairement $0^m,010$ millimètres.

» D'après le dessin, la fleur est plus petite que dans la Pomme de terre, et surtout le calyce est plus court relativement à la corolle. En outre, les segments principaux de la feuille sont plus étroits et les petits segments sont moins inégaux que dans la plupart des Pommes de terre cultivées. La pubescence est moindre. Dans sa lettre du 11 janvier 1886, M. Baker convient que les lobes du calyce diffèrent notablement de ceux de la Pomme de terre cultivée. »

Le savant phytographe fait ensuite la révision de quelques autres espèces de *Solanum* voisines du *S. tuberosum*, et ajoute :

« Les *Solanum* de la République Argentine sont tous différents du *S. tuberosum*, d'après les nombreux échantillons de l'Herbier de M. Hieronymus qu'il a bien voulu me communiquer.

»… Ceux du Mexique et des États-Unis ne peuvent pas être l'origine de la Pomme de terre cultivée puisque la culture de cette plante n'existait pas dans l'Amérique septentrionale avant l'arrivée des Européens…

» Lindley et Baker rapportent au *S. tuberosum* d'autres formes du Mexique, qui paraissent s'en éloigner, et comme la culture de la Pomme de terre est sortie de l'Amérique méridionale, je reviens aux formes de cette région qui ont pu en être l'origine.

» Lorsqu'on a éliminé celles à lobes du calyce obtus, et d'autres à calyce beaucoup plus court que la corolle, ayant d'ailleurs les segments des feuilles moins nombreux que dans la Pomme de terre, on retombe sur le *Solanum* du Chili que Sabine, Lindley, Darwin et moi, avons jugé être le *S. tuberosum* à l'état spontané : ou bien sur des formes du Chili, de la Bolivie et peut-être du Pérou que Baker a rapportées au *S. tuberosum*. »

A. de Candolle discute alors la valeur du rapprochement avec ce dernier type de quelques autres espèces, mais n'admet pas la distinction établie par M. Baker et Sir J. Hooker entre le *S. tuberosum* et le *S. Maglia*.

« M. Hensley, ajoute-t-il, s'appuie sur la multiplicité des formes voisines du *S. tuberosum* en Amérique et sur les diversités des Pommes de terre cultivées pour émettre l'hypothèse que cellesci proviendraient de plusieurs souches américaines. La plante cultivée varie cependant bien peu, excepté pour les tubercules sur lesquels opère la sélection, et de plus, les Pommes de terre introduites au XVIe siècle, de deux pays fort éloignés, étaient semblables d'après les planches et les descriptions de l'époque.

» En définitive, je ne vois pas de motifs suffisants pour changer l'opinion que j'ai émise autrefois et ensuite dans le volume sur l'*Origine des plantes cultivées*, opinion qui était celle de Sabine, Lindley et Darwin, lorsqu'ils admettaient l'identité spécifique des *S. tuberosum* et du *Maglia*.

»... Plus on étudie ces espèces tuberculées, plus on est frappé des différences minimes qui les séparent. Ce ne sont pas des espèces analogues à celles de Linné, mais plutôt des formes secondaires, comme on en reconnaît aujourd'hui dans les *Rubus* les *Rosa*, etc., sans vouloir cependant les qualifier de variétés. On peut les dénommer comme des espèces pour mieux s'entendre, et les classer de différentes manières pour approcher d'une classification naturelle, sans jamais être bien satisfait... »

D'un autre côté, dans la *Revue horticole* de 1884, M. Carrière disait : « D'après un botaniste anglais, M. Baker, qui s'est tout particulièrement occupé de l'étude des Pommes de terre, le *Solanum Ohrondii* serait identique avec le *S. Commersonii* de Dunal, ce qui est loin d'être démontré. Dans un genre aussi nombreux en espèces que l'est celui des *Solanum*, il est très difficile de déterminer celles-ci d'après une description, et même un échantillon d'herbier ; il faut pour cela cultiver les plantes afin d'en bien suivre les caractères de végétation. »

Nous trouvons cette remarque très judicieuse. Nous avons nous-même cultivé le *S. Ohrondii* et nous pouvons dire qu'il ne rappelle en aucune façon le célèbre *S. Commersonii*, figuré par Lindley, et dont l'échantillon original de Commerson est conservé dans les collections de notre Muséum d'histoire naturelle.

Voici, du reste, quelques détails sur ce *S. Commersonii* qui se trouvent relatés dans une lettre de Bonpland à M. François Delessert, datée de La Restauracion (Paraguay) le 2 octobre 1854, et qui a été publiée dans le *Bulletin de la Société botanique de France*, t. III, p. 162.

« Cette nouvelle espèce, dit Bonpland, se trouve à Montevideo, à Buenos-Ayres, à Martin-Garcia, dans toutes les Missions jésuitiques, sur la Sierra et sur les bords de l'Uruguay, depuis les Missions jusqu'à Belem, le Salto et La Concordia. Tant au Paraguay que dans les Missions et à Santa-Anna, j'ai cultivé ce *Solanum* dans l'espoir d'utiliser les tubercules, et n'ai rien pu obtenir. Les tubercules du *Solanum Commersonii* sont de couleur verdâtre, de la grosseur d'un très gros Pois, et offrent constamment un goût âpre qui répugne. A Santa-Anna, les oiseaux mangent les tubercules du *Solanum tuberosum*, notre Pomme de terre, mais ils respectent ceux du *S. Commersonii*. »

Quoi qu'il en soit, en 1886, M. Baker publiait un nouveau *Mémoire sur les Formes sauvages des Solanum tubéreux* dans lequel il n'admet plus que cinq espèces distinctes, en considérant alors le *S. Maglia* comme une simple forme du *S. tuberosum*. Ce dernier n'est plus pour lui qu'une sorte de type idéal qu'il appelle *S. eutuberosum*, auquel se rattachent comme simples formes ou sous-espèces seize types secondaires, que les phytographes avaient cependant nettement caractérisés comme espèces. Nous ne pensons pas que cette manière de voir simplifie en quoi que ce soit la question. En effets ces seize formes elles-mêmes ne manifestant aucune tendance à reproduire le type général, c'est à ce type seul qu'il faudra toujours recourir pour retrouver la véritable Pomme de terre sauvage ou *S. tuberosum*.

Toutefois pour le *S. tuberosum*, nous devons avouer que nous ne pouvons partager entièrement l'opinion de A. de Candolle. Nous sommes, en effet, d'accord avec lui quant à l'origine chilienne de cette espèce. Mais nous avons été conduits à reconnaître que le *S. Maglia*, loin d'en être une simple forme originelle, en est au contraire une espèce parfaitement distincte, comme l'avait établie Schlechtendahl. Darwin, dans son récit du *Voyage du Beagle*, en 1835, après avoir parlé de la Pomme de terre sauvage qu'il avait découverte dans l'Archipel Chonos et qui n'était autre que celle cultivée, décrite et figurée par Sabine, c'est-à-dire le *S. Maglia*, terminait ainsi le passage où il est question de cette Pomme de terre sauvage : « Il est remarquable que la même plante puisse se trouver sur les montagnes stériles du Chili central, où une goutte de pluie ne tombe pas pendant plus de six mois, et dans les forêts humides de ces îles méridionales. » M. Baker faisait, avant de changer d'opinion, très judicieusement observer, à ce propos, que « la véritable explication de ce que disait ainsi Darwin, avec une sagacité caractéristique, est évidemment que la plante des Chonos et celle des Cordillères du Chili sont chacune une espèce distincte. » M. Baker a cru devoir depuis lors changer d'opinion, mais cela ne diminue en rien l'opinion assurément fort juste émise par Darwin.

Grâce à l'obligeance de M. Blanchard, qui a bien voulu nous envoyer, de Brest, des tubercules des *Solanum Ohrondii, Fendleri* et *Maglia*, nous avons pu les cultiver et en suivre le développement. Or, nous sommes de l'avis de M. Carrière, les échantillons vivants nous en apprennent plus, pour la distinction des espèces critiques, que les descriptions et les spécimens d'herbiers, surtout lorsqu'on les cultive à côté les unes des autres. Nous avons pu ainsi constater que le *S. Maglia* est bien différent du *S. tuberosum* et cela à la première vue. C'est une plante très ramifiée, dont chaque rameau, pendant tout l'été, se termine par une cyme de grandes fleurs blanches, au centre desquels se montrent cinq étamines d'un beau jaune, non pas rapprochées en colonne autour du style comme sur les fleurs de la Pomme de terre, mais plus ou moins écartées ainsi qu'on le voit chez d'autres espèces de *Solanum*. Le style lui-même est beaucoup plus long que celui du *S. tuberosum*, et chose importante à noter, les ovaires restent toujours stériles et le fruit en est inconnu. M. Blanchard, qui a cultivé la plante à Brest pendant plusieurs années, après l'avoir reçue du Jardin de Chiswick, nous écrivait ; « Les tubercules du *S. Maglia* sont très petits et très rares : ils sont remplacés par des stolons qui atteignent quelquefois deux mètres de longueur. Il arrive même que les tubercules sont parfois si petits qu'on ne peut les découvrir dans le sol qui les recouvre. On pourrait la considérer comme une véritable plante ornementale, d'autant plus qu'elle peut se multiplier de boutures comme un *Géranium*, Mais elle est extrêmement sensible aux atteintes de la maladie de la Pomme de terre, causée par le *Phytophtora infestans.* » Il nous semble donc bien établi qu'il ne faut plus considérer le *S. Maglia*, comme pouvant être le type d'origine de la Pomme de terre, d'autant que cette espèce a été, dans les cultures, très loin de se montrer aussi prolifique que le *S. tuberosum*, et qu'il n'y a plus lieu d'espérer qu'on puisse jamais en tirer le même parti, pas plus du reste que des *Solanum stoloniferum, Fendleri, Ohrondii, Jamesii* et d'autres espèces de *Solanum* à tubercules.

Avant de terminer ce chapitre, nous désirons cependant dire quelques mots d'une nouvelle Pomme de terre qu'on vient d'introduire en France. L'histoire de cette introduction a été racontée avec détails par M. A. de St-Quentin dans la *Revue horticole des Bouches-du-Rhône* (1896). L'auteur de l'article fait connaître que son oncle, M. Félix de St-Quentin, pendant un assez long séjour dans l'Uruguay, à Mercedes, avait recueilli puis cultivé un *Solanum* à tubercules qui ressemblait quelque peu au *S. tuberosum*. Les habitants du pays la nommaient *papilla*, autrement dit Pomme de terre vénéneuse. M. Félix de St-Quentin se hasarda néanmoins à la goûter après cuisson et la trouva fort bonne : aussi, au moment de son retour en France, s'empressa-t-il d'emporter une caisse de tubercules de ce *Solanum*, dans l'espoir de la propager. Mais le voyage fut long, et les tubercules arrivèrent complètement avariés. C'est alors que son neveu, s'intéressant à cette même plante, fit tous ses efforts pendant plus de trente ans pour l'introduire en France. Enfin, dans ces dernières années, M. A. de St-Quentin réussit, par l'obligeante entremise du consul de l'Uruguay à Marseille, à recevoir des tubercules du *Solanum* en question. Du moins pouvait-il croire qu'il en était ainsi. La culture de ces tubercules finit par être confiée à M. Heckel, Directeur du Jardin botanique de Marseille, qui leur fit donner des soins assidus. La plante prospéra, se trouvant fort bien de cette chaude station ; elle émit de nombreux stolons, puis des tiges qui fleurirent et même fructifièrent, et produisit des tubercules un peu plus gros que des avelines. Seulement les fleurs étaient blanches, et les tubercules assez amers, tandis que le *Solanum* de M. Félix de St-Quentin avait les fleurs violettes et les tubercules d'un goût agréable. M. Heckel ne tarda pas à reconnaître que la nouvelle plante qu'il cultivait était le *Solanum Commersonii*, dont Bonpland, nous l'avons vu plus haut, ne faisait pas un grand éloge.

Il est fort à présumer que cette nouvelle Pomme de terre ne remplacera jamais non plus notre *Solanum tuberosum*. Mais alors, on pourrait se demander, après toutes les épreuves éliminatoires qui précèdent, quelle est donc la contrée d'origine de notre excellente Pomme de terre. Nous pensons qu'il convient d'en revenir aux précieuses indications de Claude Gay. Laissons de côté l'île de Juan-Fernandez, assez éloignée du continent pour douter qu'on soit jadis allé y chercher le *S. tuberosum* pour l'apporter au Chili, et tenons-nous en à ce passage de l'auteur de la *Flore Chilienne* : « Dans les Cordillières voisines de celles de Malvarco, il existe une chaîne de montagnes où les Pommes de terre sauvages sont si communes que les Indiens et les soldats de Pincheira allaient les récolter pour en faire leur principal aliment : la montagne y garde le nom de *Poñis*, nom araucanien des *Papas*. »

N'oublions pas non plus que le *Solanum tuberosum* est un type spécifique doué d'une variation presque indéfinie dans sa descendance. On a obtenu déjà, par le semis de ses graines, plus d'un millier de variétés plus ou moins différentes les unes des autres, sans compter celles que les semeurs ont dédaignées comme inutiles à conserver. Les graines des variétés obtenues en produisent également de nouvelles, et telle est la puissance de la vitalité du type qu'on se demande où elle s'arrêtera. C'est, en effet, un de ces types de formation nouvelle, aptes à subir une évolution incessante, alors que les types spécifiques que M. Baker regarde comme de simples variétés, s'en distinguent nettement par la faiblesse même de leur constitution naturelle qui leur interdit de se prêter à toutes les exigences culturales.

En effet, ces espèces affines se font toutes remarquer par leur médiocre production, soit du nombre, soit de la grosseur des tubercules, soit même des graines. Le *S. tuberosum*, au contraire, se maintient comme une plante toujours vigoureuse, alors qu'elle pouvait déjà, à l'état sauvage, fournir des tubercules assez nombreux et assez gros pour servir d'aliment, comme nous le dit Claude Gay, ce qu'on n'a signalé chez aucune autre des espèces voisines. Et comme la culture des Indiens devait être fort primitive, à en juger par les petits échantillons apportés en Europe et qui ont été loin d'attirer sur eux l'attention, en passant de l'état sauvage à l'état cultivé, d'abord au Chili, puis au Pérou, la Pomme de terre n'a éprouvé que peu de modifications. Aussi pouvons-nous terminer ce chapitre en disant que c'est à la suite d'une longue et sérieuse culture rationnelle, aidée par de successives sélections, que le *Solanum tuberosum* a fini par devenir notre précieuse Pomme de terre actuelle, mais qu'aucune autre espèce de *Solanum* tubérifère n'est assez fortement constituée pour la remplacer.

Chapitre II
INTRODUCTION DE LA POMME DE TERRE EN FRANCE

Nous avons vu, dans le Chapitre précédent, que Gaspard Bauhin, dans son *Phytopinax*, imprimé à Bâle en 1596, avait parlé de la culture de la Pomme de terre, appelée par lui, le premier, *Solanum tuberosum*, dans les jardins de cette ville. C'est de là, probablement, qu'elle s'est introduite dans d'autres cantons en Suisse, et que de la Suisse elle est passée en France. Le premier auteur français qui s'occupe de la Pomme de terre est le célèbre agronome Olivier de Serres. Il y consacre tout un article dans son *Théâtre d'Agriculture et Mesnage des champs*, dont la 1re édition a paru en 1600. La Pomme de terre se trouvait donc en France, en même temps qu'en Angleterre, en Belgique, en Autriche, en Allemagne et en Suisse, ainsi qu'en Espagne et en Italie, vers la fin du XVIe siècle.

Au Chapitre x du VIe Livre du *Théâtre d'Agriculture*, on peut lire cet article qui est intitulé CARTOUFLE, et dont voici la teneur même d'après l'ouvrage d'Olivier de Serres.

« *C'est arbuste, dit Cartoufle, porte fruit de même nom, semblable à truffes, et par d'aucuns ainsi appelé. Il est venu de Suisse, en Dauphiné, depuis peu de temps en çà. La plante n'en dure qu'une année, dont en faut venir au refaire chacune saison. Par semence, l'on s'en engeance, c'est-à-dire, par le fruit même, le mettant en terre au commencement du printemps, après les grandes froidures, la lune étant en decours, quatre doigts profond, désire bonne terre, bien fumée, plus légère que poisante : l'aer modéré. Veut estre semé au large, comme de trois en trois, ou de quatre en quatre pieds de distance l'un de l'autre, pour donner place à ses branches de s'accroistre, et de les provigner. De chacun cartoufle sort un tige, faisant plusieurs branches, s'eslevans jusqu'à cinq ou six pieds, si elles n'en sont retenues par provigner. Mais pour le bien du fruict, l'on provigne le tige* » *avec toutes ses branches, dès qu'elles ont atteint la hauteur d'un couple de pieds ; d'icelles en faissant ressortir à l'aer, quelques doigts, pour là continuer leur ject ; et icelui reprovigner, à toutes les fois qu'il s'en rend capable, continuant cela jusques au mois d'Aoust : auquel temps les jettons cessent de croistre en florissant, faisans des fleurs blanches, toutes-fois, de nulle valeur. Le fruict naist quand-et les jettons à la fourcheure des nœuds, ainsi que glands de chesne. Il s'engrossit et meurit dans terre, d'où l'on le retire en ressortant les branches provignées, sur la fin du mois de Septembre, lors estant parvenu en parfaicte maturité. L'on le conserve tout l'hyver parmi du sablon deslié en cave tempérée ; moyennant que ce soit hors du pouvoir des rats, car ils sont si friands de telle viande, qu'y pouvans attaindre, la mangent toute dans peu de temps. Aucuns ne prennent la peine de provigner ceste plante, ains la laissent croistre et fructifier à volonté, cueillans le fruict en sa saison : mais le fruict ne se prépare si bien à l'aer, que dans terre, en cela se conformant aux vraies truffes, auxquelles les cartoufles ressemblent en figure ; non si bien en couleur, qu'elles ont plus claire que les truffes : l'escorce non rabouteuse, ains lice et desliée. Voilà en quoi tels fruicts diffèrent l'un de l'autre. Quant au goust, le cuisinier les appareille de telle sorte, que peu de diversité y recognoist-on de l'un à l'autre. »*

Dans l'édition du *Théâtre d'Agriculture*, publié en 1805 par la Société d'Agriculture du Département de la Seine, et qui est accompagnée de très nombreuses notes explicatives, le texte ci-dessus d'Olivier de Serres est annotée de la façon suivante par le célèbre Parmentier.

« Quoique la description de la Cartoufle ne se rapporte pas exactement au Topinambour (*Helianthus tuberosus*), tout porte cependant à croire que c'est lui qu'Olivier de Serres a désigné ici, et non la Pomme de terre (*Solanum tuberosum*), comme plusieurs auteurs célèbres l'ont prétendu ; en effet, la plante que décrit Olivier de Serres sous le nom de Cartoufle a le port d'un arbrisseau, elle s'élève à environ deux mètres (cinq à six pieds de haut), pousse une tige que l'on provigne avec toutes les branches, donne des tubercules qui ont l'apparence extérieure des truffes (*tuber*) et naissent à la fourchure des nœuds, donne des fleurs qui ne fructifient point et sont de nulle valeur. Or la Pomme de terre n'a aucun de ces caractères, et elle était vraisemblablement encore très peu connue en Europe, où elle ne faisait que d'être importée à l'époque où le *Théâtre de l'Agriculture* a paru. »

Nous n'avons pas besoin de discuter les termes de cette Note, en ce qui touche les caractères communs à la fois à la Pomme de terre et au Topinambour, quant à la hauteur de la tige et à la production des tubercules ; mais Parmentier fait dire à tort par Olivier de Serres, que les fleurs ne produisent point de fruits, puisque l'auteur dit seulement qu'elles sont de nulle valeur, c'est-à-dire d'aucun intérêt, d'aucun usage. D'un autre côté, Olivier de Serres parle de « jetons faisant des fleurs blanches », ce qui n'est pas le cas du Topinambour, dont les fleurs sont jaunes. Il n'est pas jusqu'au provignage, qui n'est pas le fait du Topinambour, en raison de ses tiges raides et droites, mais qui était pratiqué en Bourgogne pour la Pomme de terre, d'après ce que nous apprend Gaspard Bauhin (*Prodromos Theatri botanici* de 1620) dans ce passage déjà cité ci-dessus : « Les Bourguignons ont l'habitude aussi d'étaler les rameaux sur le sol et de les recouvrir de terre dans le but d'augmenter le nombre des tubercules ». Enfin, ce qui achève de prouver qu'Olivier de Serres ne pouvait parler du Topinambour, c'est qu'il n'a été question de cette plante en Europe, qu'en 1616, d'après ce qu'a établi A. de Candolle dans son ouvrage sur l'*Origine des plantes cultivées*.

Mais ce qui semble devoir expliquer l'erreur de Parmentier, et cela ressort de la dernière phrase de sa Note, c'est qu'il n'était pas au courant de ce qui avait été publié au XVIe siècle sur la Pomme de terre, et qu'il avait dû conserver sur son histoire les idées qu'il avait émises en 1781, dans son Mémoire intitulé : *Recherches sur les végétaux nourrissants qui, dans les temps de disette, peuvent remplacer les aliments ordinaires*. « Originaire de la Virginie, y dit-il, la Pomme de terre s'est naturalisée si parfaitement et avec tant de facilité en Europe, qu'on croirait à présent qu'elle appartient à notre hémisphère. Les Irlandais la cultivèrent d'abord dans les jardins par pure curiosité, et ce ne fut guère qu'au commencement du XVIIᵉ siècle, qu'ils essayèrent d'en faire usage. Sa culture passa bientôt en Angleterre, puis en Flandre, en Allemagne, en Suisse et en France... » Or, d'après ces idées, comment croire, en effet, que la Pomme de terre pouvait, avant 1600, être cultivée par Olivier de Serres, dans ses terres du Pradel, non loin de Villeneuve-de-Berg, petite ville du Vivarais, en Languedoc, qui fait partie aujourd'hui du Département de l'Ardèche ?

Du reste, on peut lire, dans cette même édition du *Théâtre d'Agriculture*, deux passages qu'il nous paraît intéressant de citer ici. Le premier est extrait de l'éloge d'Olivier de Serres par François de Neufchâteau. « Le Linné de la Suisse, le célèbre Haller, dans sa Bibliothèque botanique, caractérise en peu de mots, suivant son usage, le Théâtre d'Agriculture. Il dit que c'est un grand et bel ouvrage, d'un homme qui parle d'après son expérience, qui aime les moyens simples et qui ne cherche pas des artifices dispendieux. Haller ajoute un autre trait non moins caractéristique de l'exactitude et des soins avec lesquels Olivier de Serres a écrit, c'est qu'il est le premier agronome qui nous ait donné en détail l'histoire de la Pomme de terre, alors assez récemment apportée d'Amérique ». Le second passage se trouve dans l'*Essai historique sur l'état de l'agriculture en Europe au XVIᵉ siècle*, par le G. Grégoire, qui s'exprime en ces termes : « D'après le célèbre Haller, on a cru qu'Olivier de Serres connoissoit la Pomme de terre et qu'il l'avait décrite sous le nom de *Cartoufle*. J'ai suivi, sur ce point, l'opinion qu'autorisait le grand nom de Haller ; mais ce pourroit être une erreur. Notre collègue Parmentier, à qui il appartient surtout de parler des Pommes de terre, parce qu'il est celui, de tous les agronomes, qui a le plus étudié ces racines utiles, et qui les a le plus fait valoir, croit qu'on ne peut leur appliquer la description des *Cartoufles*, qui ne sont, selon lui, que les Topinambours. Il faut observer qu'Olivier de Serres dit que cette espèce de truffes, qu'il appelle *Cartoufles*, était venue de Suisse, et qu'encore aujourd'hui, en Suisse, on donne à la Pomme de terre le nom de *Tarteuffel*, qui approche beaucoup celui de *Cartoufle* ».

Ajoutons ici que ce mot *Tarteuffel* n'est en somme que la modification germanisée du nom italien *Tartuffoli*, sous lequel Charles de l'Escluse et Gaspard Bauhin disaient qu'on désignait de leur temps la Pomme de terre, et que ce tubercule porte encore, en Allemagne, le nom de *Kartoffel*, qui se rapproche singulièrement du mot *Cartoufle* employé par Olivier de Serres.

Mais après la constatation de l'introduction de la Pomme de terre en France, d'un côté par cet agronome dans le Vivarais, de l'autre par Gaspard Bauhin dans la Franche-Comté et la Bourgogne, les documents historiques font défaut pour nous apprendre de quelle façon elle a pu se propager dans les régions avoisinantes, sinon même être délaissée, puisque, comme nous l'apprend encore G. Bauhin, elle n'avait pas tardé à être accusée de donner la lèpre.

Voyons cependant, si courte que soit son histoire pendant le XVIIe siècle et la plus grande partie du XVIIIe, tout ce que nous avons pu trouver qui soit relatif à la Pomme de terre, en France, pendant cette période caractérisée par la lenteur des progrès que faisait la culture du précieux tubercule. Examinons d'abord ce qu'il en était à Paris, et ensuite dans les provinces.

Le *Solanum tuberosum* était une plante intéressante au point de vue botanique ; elle devait tout au moins attirer l'attention des curieux ou des savants, grâce aux travaux descriptifs de Ch. de l'Escluse et des Bauhin. Ce *Solanum* ne figure pas dans le *Catalogue des plantes du Jardin royal des plantes médicinales* (aujourd'hui le Muséum d'histoire naturelle de Paris) publié par son fondateur, Guy de la Brosse, en 1636. Mais en 1665, la Pomme de terre était cultivée dans ce Jardin Royal, car sur le Catalogue publié cette même année par Joncquet, sous les auspices de Vallot, parmi les noms des plantes cultivées dans l'*Hortus regius* se trouve notre plante sous ce nom : « *Solanum tuberosum esculentum* (Bauhin, *Pinax*), *forte Papas Perüanorum* (Clusius, *Hist.*) » ce qui doit s'interpréter comme étant la

Pomme de terre à fleur violette, car à la suite de ce premier nom se trouve : « *Idem, flore albo* », c'est-à-dire la variété à fleur blanche. Ainsi donc, en 1665, voici que la Pomme de terre est enfin introduite dans Paris.

Elle se trouvait encore dans le même Jardin en 1689, d'après le *Schola botanica* ou *Catalogue des plantes que démontrait depuis quelques années, aux étudiants dans le Jardin royal, Joseph Pitton Tournefort*, attribué à Sherard. La Pomme de terre y est indiquée en ces termes : « *Solanum tuberosum esculentum* de G. Bauhin, *Papas Americanum* de J. Bauhin. Truffe rouge». Ces deux derniers mots sont instructifs, en ce qu'il nous rappelle le nom de Truffe (*Tartuffoli* des Italiens) et la variété à peau rougeâtre décrite par Ch. de l'Escluse et les Bauhin.

Tournefort, dans son *Histoire des plantes qui naissent aux environs de Paris* (1698), ne parle pas de notre *Solanum*, non plus que Bernard de Jussieu, dans la 2e édition du même ouvrage publiée en 1725 ; mais il figurait, dans le petit *Botanicon parisiense* de Séb. Vaillant paru en 1723, en ces termes : « *Solanum tuberosum esculentum* (Pinax). PATATE OU TRUFFE ROUGE ». Et l'on retrouve ce *Solanum*, indiqué sous le même nom dans le grand *Botanicon parisiense* du même auteur, publié par Boerhaave en 1727, mais avec l'épithète marginale Us., ce qui signifie qu'elle était en usage ou cultivée, et qu'elle pouvait se rencontrer dans les champs, aux environs de Paris.

Enfin, le *Prodromus Floræ parisiensis* ou *Catalogue des plantes parisiennes* publié par Dalibard en 1749, cite également notre plante sous le nom de « *Solanum tuberosum esculentum* (Pinax). TRUFFE ROUGE ». On ne connaissait donc encore, à Paris, que la variété rouge de la Pomme de terre, et seulement sous les noms de *Patate* ou *Truffe rouge*.

Nous avons vu, dans le Chapitre précédent, que Gaspard Bauhin avait parlé, en 1620, de la culture de la Pomme de terre dans la Franche-Comté : il faisait même connaître cette singulière légende, d'après laquelle on délaissait cette culture dans la croyance que la Pomme de terre donnait la lèpre. Ce qui venait en quelque sorte appuyer cette légende, c'est qu'on prétendait que le Parlement de Besançon avait rendu, en 1630, un arrêt confirmatif de cette croyance. « Attendu, disait cet arrêt, que la Pomme de terre est Franche une substance pernicieuse et *que son usage peut donner la lèpre*, défense est faite, sous peine d'une amende arbitraire, de la cultiver dans le territoire de Salins ».

Or nous devons à l'obligeance de M. J. Tripard, membre de l'Académie des sciences, belles-lettres et arts de Besançon, et qui réside près de Salins, les renseignements suivants, dont la clarté ne laisse rien à désirer.

« Il n'y a pas lieu, nous écrit M. Tripard, de s'arrêter à la légende qui croit pouvoir s'appuyer sur un arrêt du Parlement de Besançon, daté de 1630, car en 1630 le Parlement n'existait pas à Besançon : il était à Dôle et fut supprimé en 1668 par le Roi d'Espagne. Le 16 juin 1774, il avait été rétabli à Dole par Louis XIV ; après l'annexion de la Franche-Comté il fut transféré à Besançon.

« Les édits généraux ne font pas mention de cet arrêt : on comprend du reste qu'un édit sur la culture de la Pomme de terre devait appartenir à cette Catégorie. Il n'a donc pas existé. D'un autre côté, j'ai feuilleté les arrêts de 1630, parmi les arrêts manuscrits qui sont conservés dans les archives du Doubs et je n'y ai rien trouvé ».

Vers la fin du XVIe siècle, la Pomme de terre n'avait pas seulement été introduite dans la Franche-Comté. L'introduction en avait été faite également dans les Vosges. M. René Ferry a bien voulu attirer notre attention sur ce que dit à ce sujet Gravier, dans son *Histoire de St-Dié* (1836), Il s'exprime ainsi : « La Pomme de terre fut introduite dans les Vosges par les vallées de Schirmeck et de Celles au XVIe siècle, avec les opinions de Calvin qui s'y propagèrent et y firent des progrès plus rapides que la Pomme de terre. Les Vosgiens font honneur de cette plante aux Suédois, parce qu'en effet sa culture ne se répandit dans les Vosges que vers le milieu du XVIIe siècle, et que jusqu'alors elle était restée circonscrite dans les jardins et tout au plus dans quelques chenevières. Quoi qu'il en soit, nous suivons ses progrès dans le pays à l'aide des sentences et arrêts qui ont marqué son itinéraire. » Ce fut le curé de la Broque, Louis Piat, qui le premier exigea de ses paroissiens la dîme des Pommes de terre. Sur leur refus, une sentence du prévôt de Badonviller du 19 Octobre 1693 les condamne à livrer à leur curé le cinquantième du produit pour tenir lieu de la dîme. Cette sentence déclarait les habitants de la vallée de Celles soumis à la même servitude.

» Le Val de St-Dié. si maltraité pendant les guerres du XVIIe siècle, remplaça la Vigne par la Pomme de terre, et la fit rentrer presque subitement dans la rotation triennale par les versaines ou terres de repos. Le Chapitre de St-Dié, témoin de la misère du pays causée par les ravages de la guerre, fut plus généreux que le curé de la Broque et n'exigea la dîme qu'après une culture libre de plus de 50 ans. Les habitants du Val invoquèrent la prescription et l'affaire fut portée à la Cour souveraine. La Cour balança longtemps entre l'humanité et le droit du seigneur. Les citadins regardaient la Pomme de terre *comme un fruit vil et grossier*, destiné plutôt à la nourriture des animaux qu'à celle de l'homme, et ils la rangeaient à côté du gland. Cependant un arrêt du 28 juin 1715, conforme aux conclusions du procureur général et fondé *sur le droit divin*, condamna les habitants du Val à payer la dîme des *Pommes de terre ou Topinambours* sur le pied des grosses dîmes. Cet arrêt fit naître des troubles au moment de la récolte. Les *pauliers* furent maltraités et les récoltes enlevées par les habitants. Un nouvel arrêt du 23 mars 1716 ordonna de livrer sur place le onzième du produit.

» La Pomme de terre ayant été adoptée successivement par les sujets des abbayes de Senones, Moyenmoutier et Etival, et par ceux des Dames de Remiremont, ces quatre établissements religieux sollicitèrent en commun un arrêt de dîme. C'est alors que l'édit du prince, du 4 mars 1719, prévint l'arrêt. »

Nous sommes reconnaissant à M. Chamoüin de nous avoir fait connaître que M. H. Labourasse a publié, en 1891, dans les *Mémoires de la Société des lettres, sciences et arts de Bar-le-Duc*, 2e série, t. IX, un Mémoire très documenté, intitulé : *Parmentier et sa Légende*. Nous en détachons le texte de l'arrêt du 28 juin 1715 et celui de l'édit du 4 mars 1719, dont il vient d'être question. Ces textes renferment d'assez curieux détails sur ce que l'on pensait alors de la Pomme de terre et sur les ressources qu'on commençait à tirer de sa culture. *Arrêt de la Cour souveraine de Lorraine et Barrois du 28 juin 1715, portant règlement pour la dîme des Pommes de terre, à propos de la réclamation des habitants du Val Saint-Dié.*

« Léopold, par la grâce de Dieu, Duc de Lorraine, Marchis, Duc de Calabre, Bar, Gueldres, etc.....

» Ouï Didier, avocat, qui a conclu à maintenir et garder les habitants du Val de Saint Diez dans la haute possession, en laquelle ils sont de mettre et recueillir des Pommes de terre dont s'agit, dans toutes sortes de terres indistinctement, sans en payer la dîme....

» Ouï aussi Bourcier de Montureux, pour notre Procureur général, qui a dit :

« ..... Quoique cette contestation, ne soit née qu'au sujet d'un fruit vil et grossier, qui semble plutôt destiné à la nourriture des animaux qu'à celle des hommes, cependant cette cause ne laisse pas d'être de quelque importance, parce que ce fruit étant devenu fort commun dans toute la Vosge, surtout dans le temps malheureux que l'on vient d'essuyer, elle intéresse d'un côté grand nombre de communautés, et de l'autre beaucoup de Décimateurs, pour lesquels l'Arrêt qui interviendra servira de règlement.

» D'ailleurs, s'il est vrai qu'il y ait été apporté, comme on l'a dit, du fond des Indes ; s'il a mérité dans la Plaidoirie une description pompeuse, et d'être comparé au fruit le plus rare, le plus précieux et le plus beau de tout le Paradis terrestre, sans doute qu'il n'est pas si méprisable que l'on croit ; en sorte que sa destinée mérite par plus d'une considération, comme notre dite Cour voit, quelque attention de sa part.

» Il est vrai que ce fruit, qui est connu dans la Vosge depuis environ *cinquante ans*, se plante et sème vers les mois de Mars ou d'Avril, tantôt dans des Potagers ou Vergers, tantôt dans des Chénevières, quelquefois dans des terres arables au lieu de grains, comme dans les terres de Mars ;

mais bien plus ordinairement cependant dans les terres de repos ou qui sont *versaines* (Jachères) selon le terme du pays, en sorte que dans ce cas cette Pomme se sème dans les sillons mêmes qui servent de préparation à la semaille suivante.

» Ce fruit a cela de singulier que quoique la plupart de toutes les autres plantes ne se produisent que par leur semence, le Topinambour se produit par lui-même ; car on le coupe en plusieurs petits morceaux, que le Laboureur répand dans la raie qu'il a tracée avec sa charrue. Cette Pomme se nourrit et se forme dans cette terre pendant tout l'été et se recueille au mois de Septembre ou d'Octobre, qu'elle fait place aux grains que l'on sème en cette saison…..

»….. La dîme des Pommes de terre est extraordinaire, puisqu'elle ne se perçoit qu'en peu d'endroits ; elle n'a point encore été levée, quoique connue et en usage dans le Val Saint-Diez *depuis plus de quarante ans.*

»….. On a rapporté deux autres arrêts du Conseil souverain de Colmar, en croyant que l'on peut s'y conformer d'autant plus que l'Alsace étant contiguë à la Vosge, le Topinambour a été connu et est en usage à peu près en même temps dans l'un et dans l'autre pays.

»…..L'on ne doit donc pas avoir aujourd'hui plus d'égard à la requête des habitants du Val de Saint-Diez ; d'autant plus que dans ce Val, comme dans toute la Vosge, l'on ne plante de ce fruit en quantité, que *depuis vingt ou vingt-cinq ans*, et qu'on en plantait dans les commencements si peu, qu'on aurait eu pudeur d'en exiger la dîme : en sorte que cette petite quantité n'a déjà pu leur acquérir aucune possession valable….. Et si notre dite Cour venait aujourd'hui à décharger les habitants du Val du payement de la dîme de Topinambours qu'ils plantent dans leurs terres de grosses dîmes, cette grande quantité qu'ils y mettent déjà aujourd'hui, et qu'ils ne manqueraient pas d'augmenter encore dans la suite, en changeant absolument la surface de la terre, frustreraient les Décimateurs de tous leurs droits. Car outre que les habitants se verraient par là déchargez du paiement de la dîme, c'est qu'ils tirent encore de ce fruit des avantages considérables pour eux. Le Topinambour multiplie infiniment ; ils en engraissent leurs bestiaux, ils s'en nourrissent eux-mêmes...

» Notre dite Cour condamne les Parties de payer à l'avenir la dîme des Pommes de terre qu'ils planteront ou ensemenceront sur les terres sujettes à la grosse dîme, soit qu'elles soient en *versaine*, ou en *saison*, sur le pied qu'elles payent la même grosse dîme ».

Voici maintenant la teneur de l'édit ou de l'ordonnance de 1719 qui devait régler cette question, si importante alors, de la dîme des Pommes de terre.

Ordonnance de Léopold du 4 Mars 1719.

«... Plusieurs des Décimateurs de nos États nous ayant remontré que depuis quelques années en ça, les Habitants de nos Villes et villages font plantation de Topinambours ou Pommes de terre dans les héritages où ils avoient accoutumé de semer et planter des fruits décimables ; que la dîme desdites Pommes de terre n'est pas moins due que de tous les autres fruits, et notamment lorsqu'elles croissent dans les héritages sujets à la dîme d'ancienneté ; que, etc...

» Ordonnons qu'à l'avenir la dîme des Topinambours ou Pommes de terre soit délivrée en espèce aux Décimateurs ou à leurs Fermiers, par ceux qui en auront planté et recueilli, soit dans les terres en versaine (jachères), ou en saison réglée, es héritages sujets d'ancienneté à la dîme, et ce lors de la récolte générale, et dans les Maisons ou Granges des Planteurs d'icelles, sur le pied et à même quantité qu'ils avoient accoutumé de payer la dîme grosse ou menue des autres fruits qu'ils ensemençaient auparavant dans les héritages plantez ou semez de Pommes de terre, sans que les Décimateurs ou leurs Fermiers puissent exiger la dîme de celles desdites Pommes de terre que les Propriétaires ou Locataires desdits héritages auront pris sans fraude pour le défruit (usage) journalier de leurs familles avant la dite récolte générale, ni de celles qu'ils auront plantées dans des héritages non sujets auparavant à la dîme grosse ni menue...

» Lunéville, le 4 Mars 1719 ».

Nous n'avons pas besoin de faire remarquer les détails assez curieux que nous font connaître cet Arrêt et cette Ordonnance, surtout en ce qui concerne l'introduction, à la même époque, de la Pomme de terre dans l'Alsace et les Vosges. Il se peut que Gaspard Bauhin qui la cultivait à Bâle, vers 1620, n'y soit pas resté étranger. Mais il ne serait pas possible de lui en savoir gré, car il n'en dit rien lui-même, et nous ne faisons cette supposition qu'en raison du voisinage de Bâle et de la région alsacienne et vosgienne.

Quant au nom de Topinambour que l'on donne parfois dans cet Arrêt de 1715 à la Pomme de terre, on se rappelle que Frezier, en 1716, dans la *Relation de son Voyage de la Mer du Sud*, désignait aussi les *Papas* des Indiens du Chili sous les dénominations de *Pommes de terre* ou *Taupinambours*, dénominations qui s'ajoutent aux noms français déjà cités de *Truffes*, *Truffes rouges* et *Patates*.

D'un autre côté, cherchons s'il ne serait pas question de notre plante dans les ouvrages horticoles ou agricoles de cette époque. C'est inutilement que nous feuilletons à ce sujet les divers traités, où il est question des plantes potagères, publiés successivement par le célèbre La Quintinye, en 1692, 1695 et 1739. Mais nous trouvons dans un livre peu connu, intitulé *L'École du Jardin potager*, publié en 1749 par De Combles, un article très intéressant sur la Pomme de terre, qu'il appelle *Truffe*, car, ainsi que nous venons de le voir, elle n'était connue que sous ce nom ou sous celui de Patate. Voyons ce qu'en dit De Combles, à son Chapitre LXXIX :

« *Description de la Truffe ; ses différentes espèces, ses propriétés, sa culture*, etc.

» Voici une plante dont aucun auteur n'a parlé, et vraisemblablement c'est par mépris pour elle qu'on l'a exclue des plantes potagères ; car elle est trop anciennement connue et trop répandue, pour qu'elle ait pu échapper à leur connaissance ; cependant il y a de l'injustice à omettre un fruit qui sert de nourriture à une grande partie des hommes de toutes nations. Je ne veux pas l'élever plus qu'il ne mérite, car je connais tous ses défauts, dont je parlerai ; mais j'estime qu'il doit avoir place avec les autres, puisqu'il sert utilement, et qu'il a ses amateurs. Ce n'est pas seulement le bas peuple et les gens de campagne qui en vivent ; dans la plupart de nos provinces, ce sont les personnes même les plus aisées des villes ; et je puis avancer de plus, par la connaissance que j'en ai, que beaucoup de gens l'aiment par passion. Je mets à part si c'est affection bien placée, ou dépravation de goût ; il a ses partisans, cela me suffit.

» Il y a deux espèces de truffes, qui ne diffèrent l'une de l'autre que par la couleur extérieure, l'une étant rouge et l'autre blanche tirant sur le jaune : cette dernière est préférée, ayant moins d'âcreté que la première.

» La plante qui la produit, fait une quantité de racines ligneuses, blanches et menues, garnie de beaucoup de chevelu : le fruit naît entre deux terres, et tient aux racines par une espèce de pédicule, au nombre de vingt ou trente, les uns plus gros, les autres plus petits ; ce fruit est d'une forme allongée, arrondie aux deux extrémités, inégale, ayant des espèces d'yeux enfoncés tout autour, qui sont autant de germes de la plante, de la longueur de 3 à 4 pouces, sur 18 lignes environ de grosseur diamétrale : il est revêtu d'une pellicule qui se lève aisément quand il est cuit : sa chair est blanche et ferme, un peu aqueuse, sans aucune odeur. La plante pousse plusieurs branches à-la-fois, qui sont dures et ligneuses, presque triangulaires, de couleur en partie verte et en partie rougeâtre, garnie de feuilles et de petits rameaux dans toute son étendue : ces feuilles sont disposées de la même manière que celles du Rosier, et de grandeur approchante, d'un vert terne, velues aux sommités des tiges : il sort des aisselles des feuilles quelques bouquets de fleurs portées sur une queue assez longue : ces fleurs sont d'une seule pièce, découpées en étoile, de couleur gris de lin, avec quelques étamines jaunes dans le centre, dont les pointes se réunissent et forment une espèce de quille ; elles sont portées sur un embryon qui se trouve au fond du calice, lequel se change en un fruit rond, de la grosseur d'une petite noix, qui est d'abord vert, et qui jaunit en mûrissant. Ce fruit est charnu, et renferme une grande quantité de petites graines, par lesquelles la plante se multiplierait au besoin ; mais on ne s'en sert pas. » Ce fruit est susceptible de toute sorte d'assaisonnements : on le coupe cru par tranches minces, et on le fait frire au beurre ou à l'huile, après l'avoir saupoudré légèrement de farine : on le fait cuire dans l'eau, et après lui avoir ôté sa peau, on le coupe par tranches et on le fricasse au beurre avec l'oignon : on l'apprête aussi à la sauce blanche ; d'autres le font cuire au vin ; mais la meilleure façon est de le hacher après qu'il est cuit et d'en faire une pâte avec de la mie de pain, quelques jaunes d'œufs et des herbes fines, dont on fait des boulettes qu'on fait roussir au beurre dans la casserole. Les gens du commun le mangent cuit simplement dans les cendres, avec un peu de sel ; et dans les montagnes on en fait du pain. Il s'en fait enfin une consommation très considérable, particulièrement dans les provinces voisines du Rhône ; et, outre qu'il sert de nourriture aux hommes, on en engraisse les animaux. J'avouerai cependant que c'est un manger fade, insipide, et fort à charge à l'estomac ; mais il a un certain goût qui plaît à ses amateurs : que peut-on objecter contre ? et quand on est accoutumé à une chose, combien ne perd-elle pas de ses défauts ? Un fait certain, c'est que ce fruit nourrit, et que par la force de l'habitude, il n'incommode point ceux qui y sont accoutumés de jeunesse ; d'ailleurs, il est d'un grand rapport et d'une grande économie pour les gens du bas état : ces avantages peuvent bien balancer ses défauts. Il n'est pas inconnu à Paris ; mais il est vrai qu'il est abandonné au petit peuple, et que les gens d'un certain ordre mettent au-dessous d'eux de le voir paraître sur leur table : je ne veux point leur en inspirer le goût, que je n'ai pas moi-même ; mais on ne doit point condamner ceux à qui il plaît, et à qui il est profitable.

» Je ne lui connais aucune propriété pour la médecine, les auteurs l'ont passé sous silence ; mais on avait imaginé, il y a quelques années, d'en faire de la poudre à poudrer, qui pouvait suppléer, dans le temps de cherté des grains, à la poudre ordinaire. Elle eut d'abord quelque succès, et le Ministère aida de sa protection l'entreprise ; mais à l'usage, on lui reconnut le défaut d'être trop pesante, et de ne pas tenir sur les cheveux ; ce qui la fit échouer ; et il n'en est plus question.

» Cette plante se sème au mois de Mars ; elle demande une terre meuble et grasse, labourée profondément ; les uns font des trous avec le plantoir, et y jettent la semence : d'autres font des rayons avec la binette, et la répandent dedans, en la recouvrant de 3 ou 4 pouces de terre ; cette dernière façon est la meilleure. Au reste, cette semence n'est autre que le fruit même qu'on coupe en 6, 8 ou 10 morceaux, suivant la grosseur ; car, pourvu qu'il se trouve un œil dans chaque morceau, il n'en faut pas davantage. On peut également semer les petites truffes toutes entières, à la grosseur d'une noisette, qu'on met à part tous les ans quand on les arrache : on les espace à 2 ou 15 pouces les unes des autres ; quand elles sont levées à une certaine hauteur, on les serfouit : il n'y faut pas d'autre culture. Quelques-uns cependant leur coupent la fane à moitié, quand elle est à peu près à sa hauteur, pour faire mieux profiter le pied ; d'autres l'abattent contre terre, et jettent une bêchée de terre dessus ; mais le plus grand nombre n'y font rien ; et j'ai éprouvé qu'il vient fort bien sans aucune de ces précautions. On arrache les pieds aux environs de la Toussaints, et on détache les fruits, si la terre n'est pas trop scellée ; la fourche convient mieux pour cela qu'aucun outil tranchant : on laisse un peu ressuyer le fruit, et on l'enferme ensuite, en observant qu'il ne faut pas une serre trop chaude, qui le ferait germer, ni une cave trop humide, qui le ferait pourrir, ni aucun lieu où la gelée puisse pénétrer ; se trouvant bien placé, il se conserve jusqu'après Pâques ».

On voit, par tous les intéressants détails que nous donne cet auteur, que la Pomme de terre gagnait sans bruit et insensiblement du terrain dans les cultures françaises. Les Agronomes vont nous prouver également qu'ils commençaient sérieusement à l'apprécier. Nous en trouvons la preuve dans un ouvrage intitulé *Traité de la Culture des terres* par Duhamel du Monceau. Dans le Volume IV, paru en 1755, se trouve cité un Journal d'expériences des cultures faites près St-Dizier en Champagne, dans la terre de Villiers en Lieu, et rédigé par son propriétaire, M. de Villiers.

« Dans le mois d'Avril 1754, dit ce dernier, j'ai fait planter du Maïs et des Pommes de terre dans quatre journaux ou environ, distribués en planches de 5 pieds. Les socs du semoir m'ont été très utiles pour cette plantation ; car je m'en suis servi pour former au milieu des planches 2 petits sillons à 4 pouces environ de profondeur : j'ai placé ensuite entre les 2 sillons un très long cordeau qui avait des nœuds de pied en pied, et vis à vis chaque nœud on enfonçait avec la main 2 grains dans les sillons que l'on recouvrait ensuite, en poussant un peu de terre du bord : cette opération s'est faite très promptement.

» Les Pommes de terre ont été plantées par rangées simples à un pied l'une de l'autre dans la même rangée. Les platebandes avoient 5 pieds : il m'a paru que cette distance n'était pas trop grande, car les feuilles se touchaient. Les platebandes ont été labourées plusieurs fois avec la charrue : chaque pied était fourni d'une grande quantité de fruit que la sécheresse a empêché de parvenir à la grosseur que la force de ces plantes donnait lieu d'espérer : le journal a produit 28 septiers, les boisseaux combles. »

Dans le tome V du même ouvrage, Duhamel du Monceau publie en 1757 un second Résumé d'expériences culturales faites par M. de Villiers dans sa propriété de Villiers-en-Lîeu, après avoir fait connaître que d'après l'estimation de son correspondant, le produit des Pommes de terre avait été « sur le pied de 50 septiers pour un arpent. »

» *Culture des Pommes de terre suivant la nouvelle méthode*, par M. de Villiers. Il y a des Pommes de terre de plusieurs espèces. Celle que je cultive est de moyenne grosseur. Elle se plante à la fin d'Avril ou au commencement de Mai, et mûrit en Octobre. Je forme des planches de 5 pieds de largeur. Je leur donne deux labours au printemps ; au second labour, je remplis le grand sillon à moitié : avant de planter, je passe le cultivateur simple qui creuse un petit sillon, ce qui ameublit la terre ; mais si elle est humide, je mets un double palonnier au cultivateur pour éviter le trépignement des chevaux. Je fais ensuite planter les Pommes de terre à un pied de distance l'une de l'autre, dans toute la longueur du sillon. Je choisis pour cela celles qui sont à peu près de la grosseur d'une noix : on les enfonce à 2 ou 3 pouces ; et si elles ne se recouvrent pas suffisamment en retirant la main, on pousse un peu de terre avec les doigts.

» Il est presque inévitable de donner à la main une culture légère, afin de détruire les mauvaises herbes qui lèvent en même temps que les Pommes de terre ; mais cette culture ne doit s'étendre qu'à 3 ou 4 pouces seulement de chaque côté de la rangée : la charrue peut faire le reste.

» Je donne le premier labour avec la charrue, comme je fais au printemps pour le froment, et je donne ce labour plus tôt ou plus tard, suivant le besoin de la terre. Je fais le second labour aussitôt que les plantes ont assez de hauteur, pour pouvoir être buttées, c'est à dire lorsqu'elles sont à 8 ou 10 pouces. Je renverse autant de terre qu'il est possible auprès des pieds.

» Comme cette plante fait un écart considérable, et qu'elle pousse très vite, on se trouverait dans l'impossibilité de donner plus de deux labours, si on négligeait de profiter du temps où les feuilles et les rameaux ne couvrent pas entièrement la platebande.

» On arrache les pieds dans le mois d'Octobre, plus tôt ou plus tard suivant les années : on se sert d'une fourche de fer très forte pour les ébranler : on détache les tubercules qu'il faut, autant qu'il est possible, laisser ressuyer pendant quelques heures : on les enferme de manière qu'ils ne puissent être surpris par la gelée.

» Ce fruit, qui est d'un rapport surprenant, sert utilement pour la nourriture et l'engrais des bestiaux ; on le fait cuire dans l'eau ; il ne lui faut que quelques bouillons. Quand il a été plusieurs mois dans la serre, comme en Janvier ou Février, les animaux le mangent cru ; mais il est préférable étant cuit ».

Dans le tome VI du même ouvrage, publié en 1761, par Duhamel du Monceau, cet agronome fait connaître qu'en 1757, la sécheresse et les grandes chaleurs ont fort endommagé toutes les productions de la terre, et que M. de Villiers ne comptait pas faire de récolte de Pommes de terre. Il ajoute que quelques pluies sont survenues, mais que les Pommes de terre sont restées petites. Duhamel donne ensuite les détails qui suivent.

« M. de Chozanne, Conseiller de la Cour des Aides, qui s'occupe beaucoup d'agriculture dans son domaine près de Briare, plante ses Pommes de terre dans un terrain de sable un peu frais ; il y fait donner deux labours, et fait répandre le fumier au troisième ; il fait jeter les Pommes de terre dans des sillons faits avec la charrue et éloignés de 3 pieds les uns des autres, et il fait mettre chaque Pomme à 7 à 8 pouces de distance dans le sens des sillons ; ensuite on rabat, avec les mains, un peu de la terre du sillon sur les Pommes. Quant les tiges se sont élevées de 6 à 7 pouces, on remplit le sillon avec la charrue ; et il reste un billon au milieu des platebandes : un mois ou six semaines après, on refend ce billon pour remplir les sillons qui le bordaient, et pour rehausser encore les Pommes : il ne faut que trois heures, et quelquefois moins, pour donner ces cultures à un arpent, et avec un seul cheval, car M. de Chozanne employé, pour cet usage, Taraire de Provence, qui est une petite Charrue sans roues. Il a recueilli à raison de 400 boisseaux de Pommes de terre par arpent.

» La même culture lui a réussi également pour différents légumes : et l'année qui suit la récolte des Pommes de terre, le terrain qui a été bien fumé pour ces Pommes, donne ensuite du grain en abondance.

» J'exhorte fort les Agriculteurs à ne point négliger la culture de cette plante ; car, outre qu'elle est très utile pour toute espèce de bétail, elle est encore d'une grande ressource dans les années de disette, pour la nourriture des hommes. Quand on y est une fois accoutumé, elle plaît au goût au moins autant que les navets, surtout si l'on fait cuire ces Pommes avec un peu de lard ou de salé. Il est étonnant de voir la consommation qui s'en fait en Angleterre, en Ecosse et en Irlande, ainsi que dans quelques provinces du Royaume. On en peut même tirer une farine très blanche, qu'on mêle avec celle du Froment ; et j'ai mangé du pain assez beau, où il n'y avait de farine de Froment que pour faire le levain ».

Dans un volume publié en 1762, intitulé : *Corps d'observations de la Société d'Agriculture, de Commerce et des Arts établie par les États de Bretagne* (années 1759 et 1760) nous trouvons une confirmation de ce que vient de dire Duhamel du Monceau au sujet de la culture des Pommes de terre dans quelques provinces du Royaume.

Ce Livre nous apprend d'abord que le tiers du terrain à cultiver devait être divisé en trois parties : le premier tiers réservé pour les prairies, les deux autres tiers se partageaient en trois portions, l'une pour le Froment, l'autre pour les menus grains, la troisième pour les gros Navets, les Panais, les Patates, c'est-à-dire les Pommes de terre. Mais citons l'article intitulé *Patates* qui suit celui des Turneps et des Navets.

« On épargnerait encore plus, si l'on cultivait les Patates en grand. Il y en a de plusieurs espèces. Celles de l'Isle de St-Domingue sont du genre des *Convolvulus*. Celles qu'on a cultivées chez M. de la Chalotais, chez M. Blanchet, et chez le sieur Rozaire sont d'un genre différent. C'est le *Solanum tuberosum esculentum* Pinax. En François, *Patates* ou *Trufes rouges*.

» Le sieur Rozaire est le premier qui en ait eu aux environs de Rennes. Il les plante en rayons éloignés d'environ deux pieds les uns des autres, dans un bon terrain où il met un peu de fumier. Il n'a pas cru devoir tenir registre de la quantité qu'il met en terre, et de celle qu'il recueille ; mais l'usage de calculer ce que lui coûte la nourriture de ses domestiques et de ses ouvriers, lui a fait remarquer que sa dépense était sensiblement diminuée depuis qu'il leur donne des Patates, et ils préfèrent aujourd'hui cet aliment à tout autre.

» M. Blanchet a placé les siennes dans un jardin dont la terre n'est qu'*assez bonne* et d'une nature argileuse. Ce sont ses termes. Il en a mis un seizième de boisseau dans trois cordes de terre. Elles ont été plantées à trois pieds de distance en tous sens les unes des autres, et à 4 pouces de profondeur.

Chaque Patate fut placée sur une quantité de fumier à peu près égale à ce qu'en contiendrait un chapeau. Il leur donna, avec cet instrument qu'on nomme un *Bident*, deux labours depuis la fin de Février qu'elles furent plantées, jusqu'au temps où il en fit la récolte. Au premier labour il rabaissa les tiges, en les arrangeant horizontalement en éventail, et il recouvrit ces tiges de terre, ne laissant au dehors que leur sommet. Lorsqu'il eut donné le second labour, le terrain était couvert de 3 pieds en 3 pieds de petits meulons semblables à de très grosses taupinières. Le seizième de boisseau de Patates qu'il avait employé, lui a produit 18 boisseaux.

» L'épreuve faite à Vern, chez M. de la Chalotais, n'a pas tant produit. On la fit dans un terrain de deux cordes et demie, préparé comme pour recevoir du Froment. Il fut dirigé en rayons éloignés de 4 pieds. On y plaça des morceaux de la grosseur d'une Châtaigne, de Patates partagées, de façon que chaque morceau portait au moins un œil. Ils étaient éloignés d'un pied les uns des autres. On en employa un quart de boisseau, et chaque morceau fut mis en terre à deux ou trois pouces de profondeur. On ne leur donna aucune espèce de culture. A la récolte on eut dix boisseaux de Patates.

» L'usage qu'on en fait communément, est de les manger bouillies, ou cuites sous la cendre, comme on mange des Châtaignes dans quelques provinces de France, et dans quelques cantons de Bretagne.

» Lorsqu'on en cultive en grand, on en donne aux vaches, aux cochons et aux bœufs qu'on veut engraisser. On croit devoir dire à cette occasion, que lorsqu'on donne aux animaux pour la première fois, des Turneps, des Navets, des Panais, des Patates, ils ne jugent de ces racines que par l'odorat, et il arrive souvent qu'ils n'en veulent pas manger. Il faut alors les priver de toute autre nourriture, jusqu'à ce que la faim les force à se contenter de celle qu'ils ont d'abord refusée. Ils en jugent alors par le goût, et dans la suite il n'est plus nécessaire de les sevrer d'autres aliments. On en a vu qui s'y étaient accoutumés au point de préférer ces racines cuites ou crues aux fourrages ordinaires. » M. Faiguet de Villeneuve, associé libre, a imaginé que les Patates pourraient servir directement à diminuer la consommation annuelle des grains, et devenir une ressource dans les années de disette. Après différentes épreuves, il est parvenu à associer ces racines à la farine de Seigle, à celle de Froment, et à trouver la proportion qu'exigeaient ces mélanges pour en faire de bon pain. Ce pain, dont M. de la Bourdonnaye, Procureur général syndic des États, plusieurs associés et d'autres personnes ont mangé, n'a qu'un seul défaut. C'est de ressembler à ce qu'on nomme du pain *gras-cuit*, mais ce défaut n'est sensible qu'aux mains et aux yeux. C'est un pain agréable au goût, et les substances dont il est composé ne permettent pas de douter qu'il ne soit fort sain.

» Pour disposer les Patates à se mêler avec de la farine de Froment, de Seigle, et même de Blé noir, on les met tremper dans l'eau froide pendant un demi-jour, et on les remue avec un bâton pour enlever la terre qui peut y être attachée. On examine ensuite chaque racine, pour rejeter celles qui ont des taches de pourriture. On les donne au bétail. Après ce triage, on met les Patates dans de nouvelle eau, où elles sont bien lavées, afin de les dégager de la terre et du sable qui auraient résisté à la première lotion.

» On fait cuire les Patates dans de l'eau bien nette. Quelques bouillons suffisent pour la cuisson. On les pile dans une auge de bois, et on les délaye ensuite avec beaucoup d'eau froide ou chaude. On passe le tout d'abord par une espèce de crible, et ensuite par un ou deux couloirs plus fins. Le marc qui n'a pu passer, ou par le crible, ou par les couloirs, se pile et se passe une seconde fois. Enfin on donne le dernier marc au bétail et aux volailles.

» Ce qui a passé par les couloirs est mis à reposer dans un ou plusieurs vases. Comme la quantité d'eau est abondante, l'espèce de farine de Patates se précipite en assez peu de temps. On verse l'eau par inclination, et on la conserve, parce qu'étant chargée de parties farineuses, elle peut servir pour pétrir le pain, pour faire de la soupe, pour préparer les *possons* du bétail, etc. La substance des Patates qui demeure au fond du vase, se met dans des tamis plus ou moins serrés, pour s'y égoutter pendant 24 heures. On substitue ensuite au tamis un sac de toile forte, qu'on décharge d'un poids pour achever d'égoutter l'eau.

» Après ces préparations, il reste une espèce de pâte. On fait le levain à l'ordinaire avec la farine de Froment ou de Seigle. On ajoute la portion de Patates qu'on veut mélanger, on laisse fermenter ou lever le tout, et on suit, pour le reste, l'usage accoutumé pour faire du pain.

» On peut mettre jusqu'à parties égales de Patates avec le Froment et le Seigle ; mais le pain est meilleur lorsqu'on n'emploie qu'une partie de Patates sur deux parties de Seigle et surtout de Froment. M. Faiguet de Villeneuve, qui n'a perdu de vue aucune des épargnes qu'on peut faire en cultivant ces racines, a éprouvé que la pâte dont on vient de parler, était une espèce de purée qu'on pouvait employer dans la soupe. Elle est certainement beaucoup moins chère que la purée de Pois ou de Fèves ».

Voici maintenant ce qu'on peut lire au Chapitre IV (Livre IX) du 2e Volume des *Éléments d'Agriculture* dont la 1re Édition a été publiée par Duhamel du Monceau, en 1762.

« DES RACINES QU'ON CULTIVE POUR LA NOURRITURE DU BÉTAIL…

» Art. l. *De la Pomme de terre que quelques-uns nomment improprement* Patate *ou* Truffe rouge (*Solanum tuberosum esculentum* de G. Bauhin), *en anglais* Potatoes.

» Cette plante pousse plusieurs tiges de deux ou trois pieds de hauteur, grosses comme le doigt, anguleuses, un peu velues ; elles penchent de côté et d'autre, et se divisent en plusieurs rameaux qui partent des aisselles des feuilles qui sont conjuguées et composées de plusieurs folioles d'inégale grandeur : à l'extrémité de ces rameaux, qui est d'un vert terne, il sort des aisselles des feuilles qui y sont placées, des bouquets de fleurs formées d'un calice qui est divisé en cinq parties, d'une pétale qui représente une étoile de couleur gris de lin ; les étamines jaunes et rassemblées au centre forment, par leur réunion, une espèce de clou ; le pistil se change en une grosse baie charnue, qui devient jaune en mûrissant, et dans laquelle se trouve quantité de semences. Cette plante pousse en terre vers son pied trente ou quarante grosses racines tubéreuses, qui ressemblent en quelque façon à un rognon de veau. Sur la superficie de ces racines on aperçoit des trous d'où sortent les tiges et les racines chevelues qui nourrissent la plante, et qui donnent naissance à de nouvelles pommes. Il y a de ces pommes dont la peau est d'un rouge de pelure d'ognon, d'autres sont presque blanches.

» Les Irlandais font tant de cas de cette plante qu'ils nomment *Potatoes*, qu'ils n'épargnent aucun soin pour s'en procurer en abondance. Ils labourent et hersent leur champ ; et après y avoir fait des trous d'un pied de profondeur sur deux de largeur, éloignés les uns les autres de trois pieds, ils les remplissent de fumier qu'ils foulent bien ; ils mettent sur ce fumier une Pomme de terre dans chaque trou, qu'ils recouvrent avec la même terre qu'ils en ont tirée : à mesure que les Pommes de terre poussent, ils les rehaussent avec le reste de la terre qui est à leur portée, ce qu'on répète jusqu'à deux fois, en observant de ne pas tirer dehors les tiges qui se couchent sur la terre. Au moyen de ces précautions, il est arrivé quelquefois qu'une seule Pomme en a produits à 900. Comme cette pratique consomme beaucoup de fumier, elle ne peut guère être avantageuse qu'aux environs des grandes villes. Voici maintenant la culture la plus ordinaire de cette plante.

» Je ne parle point de la nature du terrain, parce que cette plante s'accommode assez bien de toutes sortes de terres ; à cette différence seulement que les productions seront proportionnées à la bonne ou mauvaise qualité du sol.

» Le champ qu'on destine à produire des Pommes de terre ayant été bien labouré, on fait dans toute son étendue, vers la fin de février ou au commencement de mars, des rigoles de cinq à six pouces de largeur : ou en règle la profondeur sur celle du sol ; en conséquence on les fait plus profondes dans les terres qui ont beaucoup de fond.

» On met dans ces rigoles l'engrais dont on peut disposer : outre que ces fumiers feront prospérer les Pommes, ils amélioreront en même temps le fond pour le froment qu'on pourra semer ensuite. On répand les petites Pommes de terre toutes entières dans les tranchées, à deux pieds les unes des autres ; et on coupe les grosses par tranches, car il suffit qu'il y ait sur chacune de ces tranches un ou deux yeux pour qu'elles puissent pousser : on met à une plus grande distance les Pommes dans les terres qui n'ont pas de fond, afin de pouvoir trouver dans le terrain qui les environne, une quantité suffisante de terre pour les butter.

» On recouvre sur le champ ces Pommes et l'engrais avec la terre qu'on a tirée des tranchées : lorsque les tiges se sont élevées de cinq à six pouces de hauteur, on fouille la terre qui est entre les rangées pour rehausser le pied de ces tiges ; et l'on répète encore la même opération quand les tiges ont atteint douze à quinze pouces de hauteur, ayant soin de pas recouvrir les tiges qui se couchent : plus le champ a de fond, plus on trouve de terre pour ce rehaussement, et meilleure est la récolte.

» Quand ces Pommes sont en maturité, ce qu'on reconnaît aux tiges qui commencent à périr, on renverse avec un crochet la terre qui les couvre, et l'on ramasse avec soin toutes ces Pommes, soit grosses, soit petites ; car s'il en restait quelques-unes en terre, elles ne manqueraient pas de repousser, et infecteraient la terre, comme font les mauvaises herbes.

» Cette plante n'effruite point la terre destinée au froment ; au contraire, les labours qu'exigent sa culture et les engrais dont elle a peine à se passer, disposent admirablement un champ à donner une bonne récolte.

».....On peut encore abréger la culture de cette plante en pratiquant la nouvelle culture. Pour cet effet, après que la terre aura été fumée et labourée trois fois, on formera les rigoles avec la charrue même, en faisant de profonds sillons, et en passant deux fois la charrue dans chaque sillon : on mettra les Pommes à un pied de distance au fond de chaque sillon, et on les recouvrira avec la main, en abattant un peu de la terre des côtés. Quand les tiges seront élevées de six à sept pouces, on remplira le sillon avec la charrue qu'on fera passer, à droite et à gauche, ce qui chaussera pour la première fois les Pommes : il restera un billon au milieu de la platebande ; on refendra ce billon un mois ou six semaines après, et on piquera beaucoup pour remplir les raies qu'on avait faites en premier lieu ; ensuite on renversera de la terre jusques sur le pied des Pommes. Si les terres sont sableuses et légères on pourra faire ce labour sur un arpent en trois ou quatre heures et avec un seul cheval.

» On met les Pommes en terre à la fin d'Avril ou au commencement de Mai, et on les arrache ordinairement dans le mois d'Octobre suivant. Ces Pommes doivent être conservées dans un cellier et garanties de la gelée.

» En suivant cette méthode, M. de Villiers-en-Lieu a recueilli jusqu'à 330 à 340 boisseaux par journal, et M. de Chozanne a eu 400 boisseaux par arpent.

» Cette racine est d'un rapport surprenant : elle sert utilement pour la nourriture et l'engrais des bestiaux. On fait cuire ces Pommes dans l'eau ; et il ne leur faut que quelques bouillons pour cuire, quand même elles auraient été conservées pendant deux mois dans la serre. Les animaux les mangent crues ; mais pour l'usage de la table elles sont plus saines étant cuites.

» J'exhorte fort les cultivateurs à ne point négliger la culture de cette plante ; outre qu'elle est très utile pour toute espèce de bétail, elle est encore d'une grande ressource dans les années de disette, pour la nourriture des hommes. Quand on est accoutumé à cette nourriture, elle plaît au goût, autant au moins que les navets, et surtout si l'on fait cuire ces pommes avec un peu de lard et du porc salé. Il est étonnant combien on en fait de consommation dans les Iles anglaises et même dans plusieurs provinces de France. On en peut retirer une farine très blanche, laquelle mêlée avec celle du froment, fait d'assez bon pain. J'en ai mangé où il n'était entré de farine de froment que ce qui avait été nécessaire pour faire lever la pâte ».

Ajoutons immédiatement ici les lignes qui terminent le même chapitre, dans l'édition que Duhamel du Monceau a fait paraître du même ouvrage en 1779.

« M. Parmentier est même parvenu à en faire du pain assez bon, sans aucune addition de farine de grain. Mais ces opérations pénibles et coûteuses sont plus curieuses qu'utiles, puisque les gens riches préfèrent le pain de farine de froment, et les pauvres s'en nourrissent à merveille, sans en faire du pain : dans les pays où ce légume est commun, on en fait des ragoûts très appétissants.

» On en peut faire aussi de très bel amidon. Pour cela on râpe les Pommes dans l'eau, avec laquelle on délaie bien la râpure, l'amidon se précipite au fond de l'eau ; mais pour qu'il soit blanc, il le faut laver dans plusieurs eaux : quand les grains sont rares, cet amidon peut servir aux mêmes usages que celui de grains. »

Il nous faut noter, dans cet ouvrage, d'abord la consécration définitive d'un nom nouveau. *Pommes de terre* qui devait remplacer ceux de *Truffes* ou de *Patates*, ensuite des indications suffisantes pour nous apprendre que depuis un certain nombre d'années la culture de notre Solanée avait fait d'assez grands progrès. Nous arrivons, en effet, à une époque où cette culture ne va pas tarder à prendre un grand essor. Nous y reviendrons plus loin. En attendant, consultons la *Grande Encyclopédie* publiée en 1765 sous la direction de Diderot et d'Alembert. Dans l'Article consacré à la Pomme de terre, nous n'y trouvons qu'une description assez médiocre, qui la désigne comme une « Racine tubéreuse, oblongue, inégale, quelquefois grosse comme le poing, couverte d'une écorce brune ou rouge, ou noirâtre, blanche en dedans et bonne à manger... » Cette description est suivi du passage suivant dont la fin est assez singulière.

» *Pomme de terre, Topinambour, Batate, Truffe blanche, Truffe rouge.* — Cette plante qui nous a été apporté de la Virginie[1], est cultivée en beaucoup de contrées de l'Europe ; et notamment dans plusieurs provinces du Royaume, comme en Lorraine, en Alsace, dans le Lyonnais, le Vivarais, le Dauphiné, etc. Le peuple de ces pays, et surtout les paysans, font leur nourriture la plus ordinaire de la racine de cette plante pendant une bonne partie de l'année.

Ils la font cuire à l'eau, au four, sous la cendre, et ils en préparent plusieurs ragoûts grossiers ou champêtres. Les personnes un peu aisées l'accommodent avec du beurre, la mangent avec de la viande, en font des espèces de beignets, etc. Cette racine, de quelque manière qu'on l'apprête, est fade et farineuse. Elle ne saurait être comptée parmi les aliments agréables ; mais elle fournit un aliment abondant et assez salutaire aux hommes, qui ne demandent qu'à se sustenter. On reproche avec raison à la Pomme de terre d'être venteuse : mais qu'est-ce que des vents pour les organes vigoureux des paysans et des manœuvres ? »

L'auteur de l'article n'était évidemment pas de ceux qui, comme le disait Des Combles, aimaient passionnément la Pomme de terre. Toutefois, ce qu'il dit nous montre combien la classe aisée lui accordait peu d'estime. Après les exhortations adressées aux cultivateurs par Duhamel du Monceau, on serait peut-être conduit à se demander ce que l'on pouvait bien penser de la Pomme de terre dans les conseils du Roi Louis XV. Nous trouvons une réponse à cette question dans un très curieux document que nous devons à l'obligeance de M. le Dr Laboulbène, professeur à la Faculté de Médecine de Paris. Ce document est un extrait des délibérations en 1771 de cette Faculté, dont les procès-verbaux étaient rédigés alors en langue latine. Nous les traduisons *in extenso*, comme il suit.

« Le Dimanche, 2 mars 1771, il y eut convocation de tous les Docteurs médecins des Écoles supérieures, à 10 heures du matin, après la messe. Dans cette séance, lecture fut donnée de la Lettre suivante, adressée au Doyen de la Faculté par le très illustre Contrôleur général des finances :

« à Paris, le 26 février 1771.

« Je vois, Monsieur, par une feuille hebdomadaire de Normandie, que je vous envoyé, une lettre d'un auteur anonyme d'un sentiment bien opposé aux principes reçus jusqu'à ce jour sur l'usage des Pommes de terre ; je vous prie de me marquer si ces objections sont fondées et méritent quelque attention. Vous voudrez bien, à cet effet, en conférer avec ceux de Messieurs vos confrères que vous jugerez à propos de choisir et me faire part de leurs observations, de manière que s'ils ne pensent pas conformément à cette lettre, il soit possible par un suffrage tel que celui de la Faculté de détromper le public sur l'usage d'une nourriture qui peut-être d'une très grande ressource pour lui, si elle n'est pas contraire à sa santé. Je suis, Monsieur, votre très humble et très affectionné serviteur. Signé : Terray Au dessous de la signature était écrit : à Monsieur le Doyen de la Faculté de médecine de Paris.

» Lecture fut ensuite donnée de l'extrait du Journal qui avait pour titre : *Annonces, affiches et avis divers de la haute et basse Normandie. Cinquième feuille hebdomadaire du Vendredi, premier février* 1771. *page 19. Lettre d'un vrai citoyen adressée aux médecins sur le pain fait avec les pommes de terre etc.*

» Après cette lecture et la discussion qui s'ensuivit, une Commission fut nommée à la majorité des suffrages. Elle fut composée, parmi les anciens, de MM. de Gévigland, Bercher et Macquer, parmi les nouveaux, de MM. Salin, Roux et Darcet, et chargée de répondre à la question posée au Doyen par M. l'abbé Terray, et de faire un Rapport sur ce sujet devant la Faculté, dans une prochaine séance. Ainsi conclu. L. P. F. R. Le Thieullier, Doyen ».

« Le Dimanche, 23 Mars 1771, il y eut convocation de tous les Docteurs médecins des Écoles supérieures, à la même heure, 10 heures du matin, après la messe. Les éminents Commissaires devaient donner lecture de leur Rapport en réponse à la Lettre du très illustre Contrôleur général des finances, et il en devait être ensuite délibéré.

» Dans cette séance, les éminents Commissaires ont réfuté clairement, savamment et complètement les objections émises dans l'opuscule ayant pour titre : *Lettre d'un vrai citoyen sur le pain fait avec les Pommes de terre*. Leur Rapport érudit fut loué unanimement, et, de l'assentiment général, il fut décidé qu'il serait envoyé, au nom de la Faculté, au très illustre Contrôleur général des finances. — Ainsi conclu. L. P. F. R. Le Thieullier, Doyen »

« Peu après, ce Rapport fut imprimé aux frais du Trésor royal et rendu de droit public pour toute la France, par les soins et la volonté du Contrôleur général des finances ». Nous sommes reconnaissant à M. le Dr Calbet d'avoir pu nous procurer le texte authentique de cette *Lettre d'un vrai Citoyen sur le pain fait avec les Pommes de terre*, dont il vient d'être question, et celui de la réponse au Rapport de la Faculté de médecine de Paris que publia la *Feuille hebdomadaire de Normandie*, grâces aux obligeantes recherches faites dans les Archives de Rouen par M. le D J. Magniaux, que nous, ne saurions trop remercier ici.

Voici d'abord cette Lettre, publiée le 1er Février 1771.

« Il n'est presque point d'art en France qui ne soit soumis à l'empire de la mode. Les savants n'ont pu s'y soustraire. C'est elle qui multiplie les ouvrages didactiques de ces génies féconds ; c'est elle qui ne leur fait que trop souvent imaginer des systèmes, dont la nouveauté fait tout le mérite ; c'est elle, en un mot, qui a produit pour les Pommes de terre des Apologies d'autant plus séduisantes, qu'elles semblent dans les temps de calamité, présenter aux malheureuses victimes de l'indigence un aliment peu dispendieux. Cet aliment, ce pain tant préconisé, est-il aussi salubre que le pain ordinaire ? Ne serait-il point nuisible à la santé des hommes ?

» Cette question n'a point encore été agitée : elle est cependant assez importante pour mériter de l'être. C'est à vous. Messieurs, qu'il appartient de la décider. Tout vrai citoyen doit à cet égard vous proposer ses doutes. Voici les miens. Je vous prie d'y donner toute votre attention.

» Accoutumé depuis plusieurs années à voir le pain, composé avec du Froment et des Pommes de terre, publiquement annoncé comme un aliment digne d'entrer dans le corps humain, j'étais bien éloigné de le regarder comme capable d'exciter des maladies.

» M. Tissot est le premier qui m'ait sur cet article inspiré des soupçons ; j'ai lu dans son *Traité sur les maladies des gens du monde* (Édition de 1770, p. 267) que « les Pommes de terre sont placées dans la classe des aliments gras, visqueux et épaississants ».

» Dans un nouveau livre d'Agronomie, intitulé : *Le Guide du Fermier*, j'ai trouvé une Instruction sur la manière d'opérer pour la composition du pain fait avec les Pommes de terre, et j'y ai vu des choses qui me feraient trembler, si j'étais réduit à la triste nécessité de ne vivre qu'avec un aliment de cette espèce.

« Il faut, dit l'Auteur (pages 228, 229 et 230 de la seconde partie), râper les Pommes de terre dans de l'eau claire et pure… L'eau devient d'un verdâtre sale : il faut la décanter et en remettre de nouvelle. Cette nouvelle eau, en brassant la farine, se charge encore d'une couleur aussi foncée que la première. Il faut la jeter et en remettre d'autre… Ce n'est qu'au sixième ou au septième lavage que l'eau cesse de se teindre… On conçoit par là que les Pommes de terre jettent beaucoup d'impuretés qui y restent toutes, lorsqu'on suit le procédé de la cuisson… Cette farine ainsi râpée, lavée et séchée, se conserve… Mais elle se corrompt au mois de Mai, devient verte, se pourrit et n'est bonne à rien ».

» Si réellement toutes ces opérations sont nécessaires pour purger la farine que rendent les Pommes de terre de ce qu'elle a d'impur et de dangereux ; si après tant de préparations elle ne se conserve que jusqu'au mois de Mai ; *si elle se corrompt alors, devient verte et pourrit*, comme l'auteur le certifie, j'infère de là que le principe d'impureté et de putréfaction, qui réside en elle, ne peut être entièrement extirpé, qu'il peut se communiquer à la farine de Froment avec laquelle on le môle, et qu'un aliment ainsi composé ne peut causer dans l'estomac humain que de mauvaises digestions, que des sucs viciés, qu'un chyle impur et grossier : source trop ordinaire de plusieurs maux qui troublent l'économie animale.

» J'adopte d'autant plus volontiers cette opinion, qu'elle est fortifiée par l'autorité de Daniel Lang-haus, célèbre médecin suisse. Voici comment il parle dans un Livre qui a pour titre : *L'art de se guérir soi-même*, tome 2, page 78, édition de 1768.

« Les Ecrouelles, dit-il, sont communes en Suisse, où le bas peuple se nourrit surtout de Pommes de terre… Je suis persuadé, ajoute cet auteur, que les maladies scrofuleuses, qui règnent dans nos Cantons, ne viennent que de cette mauvaise nourriture, et du défaut d'exercice, et la preuve en est, qu'elles sont extrêmement rares dans le pays où l'on ne connaît point les Pommes de terre ».

» Après toutes ces différentes observations, serait-il prudent d'admettre au nombre de nos aliments, les Pommes de terre ? Ne devons-nous pas au moins douter de leur prétendue salubrité et en différer l'usage jusqu'à ce que, par une décision précise, vous nous ayez appris à quoi nous devons nous en tenir ?

» Je suis avec respect, Messieurs, votre etc. »

C. de F***

Il ne nous a pas été possible, malgré de nombreuses recherches, de retrouver le Rapport de la Faculté de médecine de Paris, qui cependant avait dû être distribué dans toute la France. Mais nous sommes heureux de pouvoir insérer ici la réponse que la *Feuille hebdomadaire de Normandie* crut devoir publier à la réception de ce Rapport médical. Voici l'article de cette *Feuille hebdomadaire*, en date du Vendredi, 5 Juillet 1771.

« POMMES DE TERRE.

» Tout ce qui concerne l'humanité est précieux aux yeux de l'homme sensible, et mérite bien en effet qu'on y regarde de près. Une lettre insérée dans notre cinquième Feuille du premier Février dernier, par un Anonyme (connu de nous), semblait douter d'après divers Auteurs, d'une partie des bonnes qualités attribuées aux Pommes de terre. Les raisons employées dans cette Pièce sont venues aussitôt à la connaissance de M. le Contrôleur général ce Ministre, pour qui la conservation des citoyens est précieuse, a sur le champ consulté la Faculté de Paris qui, après un examen et une délibération dignes d'elle, a décidé *que la nourriture des Pommes de terre est bonne et saine, nullement dangereuse et qu'elle est même très utile.* La longueur de cette Pièce ne nous permet pas de la rapporter ; elle mérite sûrement l'attention du public, et ne peut être trop répandue. Nous avons la double satisfaction d'exécuter les ordres de M. l'Intendant, dont le zèle est connu, et d'annoncer qu'on la trouvera *en notre Bureau.* Une troisième, qui ne nous touche pas moins, est de n'avoir pas été désapprouvés par un grand Ministre et par la Faculté de Paris, comme nous l'avons été crûment par plusieurs personnes, d'ailleurs respectables ;

mais telle est notre position, qu'avec les vues les plus droites, nous ne pourrons plaire à tout le monde : les hommes parlent souvent comme ils sont affectés ; il n'appartient qu'à un petit nombre de voir l'ensemble, de l'apurer, de le sentir ; c'est l'approbation de ceux-là, surtout, que nous nous efforçons tant de mériter, et à qui nous serions au désespoir de déplaire.

« ... Si nous pensons (dit la Faculté) que les soupçons (de l'Auteur de la Lettre en question) n'ont aucun motif réel, nous sommes bien éloignés de blâmer le zèle de ce citoyen ; nous sommes au contraire persuadés qu'on ne saurait en faire trop long voir dans une affaire aussi importante, que tout ce qui concerne la nourriture des hommes et des bestiaux, et qu'on ne doit rien négliger pour écarter jusqu'aux moindres doutes, et dissiper les craintes les plus légères, etc. »

Si en 1771, on tenait, dans les Conseils du roi Louis XV, à ne pas laisser dénigrer les ressources que pouvaient offrir les Pommes de terre dans les temps calamiteux, c'est qu'on venait de souffrir, en 1770, toutes les horreurs de la disette. La *Revue scientifique* du 19 Décembre 1896 a publié, à ce sujet, un extrait d'une Monographie de la Commune d'Auxy, arrondissement d'Autun, faite en 1890 par l'Instituteur, M. Trenay, qui a relevé la mention suivante, inscrite à la fin du Registre de 1770 de l'État civil, tenu par le Curé.

« L'année 1770 a été l'une des plus malheureuses qu'on eût encore vue depuis longtemps. Les pluies continuelles qui commencèrent depuis le 15 août 1769 empêchèrent de semer par leur continuité, et tout ce que l'on sema fut semé dans l'eau, ce qui fit que la plupart des semences pourrirent en terre, et il survint dans le mois d'Avril une neige de 4 à 5 pouces qui dura plusieurs semaines et qui brûla une partie des blés, de sorte qu'au mois de Mai, le blé commença à monter de prix et coûta, toute l'année, malgré la moisson, jusqu'à 7 livres 10 sols et 8 livres, tant le Froment que le Seigle ; encore ne pouvait-on en avoir pour son argent, ce qui causait des émeutes dans les marchés. Le petit vin de Couches se vendait jusqu'à 40 écus, le vin vieux de la Montagne de Couches, jusqu'à 100 écus. L'orge s'est vendu jusqu'à 4 livres 10 sols ; l'avoine 2 livres ; ce qu'on n'avait jamais vu.

» Les Pommes de terre, qui furent d'un très grand secours pour le peuple, se vendaient jusqu'à 9 livres le poinçon ; on enleva, de force, une quantité de pauvres, par ordre du Roi, qu'on transporta dans des maisons disposées dans différentes villes ».

Cette famine de 1770, qui se fit sentir en France et même en Europe, produisit cet effet salutaire de faire chercher des remèdes à une aussi pénible situation. C'est ainsi qu'en 1771, l'Académie de Besançon crut utile de mettre au concours la question suivante : *Indiquer les végétaux qui pourraient suppléer en tems de disette à ceux que l'on emploie communément à la nourriture des hommes et quelle en devrait être la préparation* ? Cette Académie fit connaître son appréciation sur les Mémoires qu'elle avait reçus et qui traitaient cette question, dans sa séance du 24 Août 1772. M. Tripard, membre actuel de l'Académie des sciences, belles-lettres et arts de Besançon, a publié dans les *Annales franc-comtoises* de 1895 de curieux détails sur ce Concours, qui est resté célèbre dans l'histoire de la Pomme de terre. Nous extrayons ce qui suit de son consciencieux travail.

« Sept mémoires, dit M. Tripard, furent envoyés à l'Académie. Nous les avons lus avec grand intérêt. Tous sont unanimes sur un point : c'est que la culture de la Pomme de terre était déjà ancienne dans la province de Franche-Comté. « Les Pommes de terre, dit le mémoire n° 2, tirent leur origine de l'Amérique..... Les habitants de la Franche-Comté trouvent à cultiver la Pomme de terre un tel profit que s'ils n'avaient la liberté que de semer du Blé ou des Pommes de terre, ils donneraient la préférence à celles-ci ». L'auteur cite un Curé de Meslay qui en avait semé 15 boisseaux dans 15 boisselées de terrain, et en avait obtenu 771, soit 51 pour un.

» On ne peut retirer du n° 3 qu'une particularité assez curieuse : « Une manufacture de poudre établie à Metz ne se sert que de farine de Pommes de terre, qui est aussi blanche que celle du Froment ».

» Dans le n° 4, on voit que « le produit d'un arpent planté en Pommes de terre, à supposer le terrain convenable et bien cultivé, comme on le supposerait au *manyoc*, produira pour la subsistance du peuple plus que ne le feraient six arpents en Bled ». L'auteur ajoute que « on les accommode de toutes les façons et on les mange sur les meilleures tables… on a trouvé le moyen d'en faire du pain. »

» Le mémoire n° 5, qui paraît le moins intéressant, se borne à classer « les poires de terre d'Amérique, ou *cassaves*, parmi les végétaux qui servent à la nourriture de l'homme ».

» Le P. Prudent de Faucogney, religieux capucin de la Comté de Besançon, auteur du n° 6, ne s'occupe que de la préparation de la Pomme de terre ; « les expériences qu'on a faites le dispensant d'en parler davantage ». » Dans le n° 7, on trouve un passage absolument démonstratif : « Tout le monde, est-il dit, connaît les avantages qu'on peut tirer des Pommes de terre pour suppléer au Froment. Depuis longtemps on en a usé, plus de la moitié de l'Europe s'en nourrit ».

» Arrivons au Mémoire couronné à juste titre par l'Académie, au n° 1, dont l'auteur était Parmentier. Le début de ce mémoire contribuera à nous fixer sur la disposition des esprits à l'époque où Parmentier écrivait : « Entre les différents objets dont la philosophie s'occupe, dit-il, aucun ne mérite plus la reconnaissance du genre humain que ceux qui tendent à sa conservation ; si de tout tems l'économie et la nourriture eussent été approfondies avec le même zèle qui anime depuis quelques années les Sociétés académiques, quels maux n'eussent pas été prévenus ? quels biens ne se fussent pas répandus ?

» Transportons-nous en idée à ces époques malheureuses consignées dans les histoires, où tous les fléaux de l'humanité réunis ne laissent de place qu'à la famine la plus affreuse, et si, comme hommes, nous ne voyons ces tableaux qu'avec horreur, admirons-y, comme philosophes, l'énergie de l'industrie humaine dans ces temps calamiteux. Préjugés vaincus, essais souvent funestes, combats contre la superstition, vous fûtes tous les fruits de l'industrie devenue nécessiteuse. Mais combien cette industrie était-elle aveugle ? Combien d'autres calamités en ont résulté ? Si dès lors les sciences plus communicatives et moins rebutées eussent mis ceux qui les cultivaient à l'abri des coups de la superstition jalouse, en quelque petit nombre que fussent les Savants, nous n'en doutons pas, ils auraient suffi pour éclairer leur siècle.

» Sans rien ôter de la gratitude que nous devons aux *Aristotes*, aux *Descartes* et aux *Newtons*, dont le génie a éclairé l'univers, n'eût-il pas été à désirer qu'un d'entre eux, au lieu de planer dans la région la plus élevée, se fut abaissé jusqu'à considérer les premiers besoins de ses semblables ? Qu'importe, en effet, au commun des hommes de quelle manière les astres se conduisent dans leur route, si pendant ce tems ils meurent de faim ? Vraisemblablement leur génie ou les circonstances déterminent ces grands hommes à d'autres spéculations que nous admirons avec justice, mais dont l'utilité paraîtra toujours éloignée pour ceux qui s'accoutument à distinguer dans l'homme ses besoins réels de ses besoins fictifs. Notre siècle s'occupe plus immédiatement de ces premiers besoins, et l'on voit de toute part les Sociétés académiques en faire l'objet des recherches qu'elles proposent aux savants qu'elles veulent couronner… »

» Après cette introduction, Parmentier divise ses recherches en deux parties et fait connaître le résultat de ses expériences : il parle, dans les termes suivants, de la Pomme de terre.

« Comme la substance amylacée se trouve ailleurs que dans les graminées et les semences légumineuses, j'ai voulu savoir en quelle proportion elle s'y trouvait et si sa nature était la même que dans l'amidon de Bled. En conséquence j'ai pris pour exemple seize livres de Pommes de terre que j'ai divisées à l'aide d'une râpe de fer blanc ; j'ai renfermé la pulpe dans un sac pour la soumettre à la presse. Le suc qui en est sorti était trouble, brun, un peu visqueux, et le marc ne pesait plus que huit livres ; je le délayai dans l'eau en le frottant avec les mains, l'eau devint laiteuse, je la passai à travers un linge et j'obtins par le repos et par la décantation une fécule blanche qui, desséchée avec une très douce chaleur, pesait deux livres six onces. La partie restante sur le linge étant exprimée et desséchée pesait une livre. Le suc évaporé sur des assiettes donna huit onces d'un extrait salin qui attirait l'humidité de l'air.

» L'amidon des Pommes de terre est entièrement semblable à celui du Bled. Il en a le toucher, la finesse ; il se délaye dans l'eau chaude et prend la forme gélatineuse qu'on appelle empois. Les pains que j'en fis étaient même meilleurs que ceux de l'amidon de Bled, vraisemblablement à cause d'une petite portion de mucilage surabondant.

» J'ai soumis ces deux amidons à la distillation dans de petites cornues de grais placées sur un même fourneau à feu nud, les produits ont été les mêmes, c'est-à-dire peu de phlegme, beaucoup d'acide, une petite portion d'huile tenace et épaisse ; les résidus incinérés et lessivés dans de l'eau distillée montrèrent des signes d'alkalicité… »

» Dans la seconde partie de son Mémoire, Parmentier insiste en ces termes sur l'usage qu'on peut faire de la Pomme de terre. « L'amidon, dit-il, ne pouvait se convertir en pain sans qu'au préalable on y ajoutât une substance mucilagineuse, et d'un autre côté, je n'ai en vue, en proposant les nouvelles fécules dont je viens de parler (marrons d'Inde, racines d'Iris, etc.), que de mettre tout à profit dans un tems de disette où je suppose qu'on manquerait de grains. J'ai cru ne pouvoir mieux faire que de donner à ces fécules pour récipient les Pommes de terre *qu'on trouve maintenant partout* et dont la culture ne saurait être trop multipliée. Voici donc comme j'ai procédé. J'ai délayé dans un peu d'eau chaude la doze ordinaire de levain de froment. J'y ai ajouté peu à peu quatre onces de fécule de marrons d'Inde, par exemple, et pareille quantité de Pommes de terre cuites épluchées et réduites en pulpe par une passoire. J'ai laissé cette pâte dans un lieu chaud pendant une heure, je l'ai fait porter ensuite au four pour cuire, et j'ai eu un pain doré, levé, très blanc, de bonne odeur, n'ayant d'autre défaut que d'être un peu fade, défaut que quelques grains de sel corrigeaient bien vite… »

Parmentier ne fit connaître au public ses idées et ses expériences que dans son ouvrage intitulé : *Examen chimique de la Pomme de terre*, qui parut en 1778.

Cependant la Grande Encyclopédie du XVIIIe siècle ne devait pas s'en tenir à l'article que nous avons reproduit ci-dessus. Nous trouvons, en effet, dans le Supplément paru en 1777, un second et très long article, signé du célèbre agronome Engel, et qui présente un tout autre intérêt. Nous en extrairons les passages suivants.

« La Pomme de terre, dit Engel, est le fruit qui fait la nourriture de plus de la moitié de l'Allemagne, de la Suisse, de la Grande-Bretagne, de l'Irlande, de la Suède et de plusieurs autres pays. Il n'est pas douteux que les Colons François qui en remarquent l'avantage infini que les autres peuples en tirent, ne s'appliquent davantage à cette culture dans la suite, qu'ils n'ont fait par le passé, aussitôt qu'ils en seront mieux instruits et que la confusion des noms aura disparu, avec les méprises qu'elle peut causer.

» En certains endroits de France on le nomme *patates*, et il m'en a coûté quelque chose pour en connaître un autre nom. Au commencement de Janvier 1772, les Pommes de terre que j'avais fait venir d'Irlande étant en route, sous le nom de *patates*, de Bordeaux à Lyon, on les désignait à Toulouse, dans la lettre de voiture pour Lyon, par celui de *truffes* (dans le *Dictionnaire raisonné des sciences* on les nomme aussi *truffes blanches*, *truffes rouges*) ; dans les bureaux on supposa que c'était des *truffes sèches* et on m'en fit payer les droits à proportion. Elles ont le même nom dans une petite province qui était de mon gouvernement, et les places où on les a plantées, celui de *truffières*,.. Le nom le plus généralement reçu est celui de *Pommes de terre*, que nous conserverons… Il me paraît tout simple que les espèces rondes étant les plus goûtées, et le fruit servant à la nourriture, rien de plus naturel que la dénomination de *pomme*, en y ajoutant l'épithète *de terre*, pour indiquer qu'elles vivent *dans la terre* et non *dehors*, »

Suivent plusieurs paragraphes historiques erronés, qui dénotent qu'Engel était intimement convaincu de l'origine anglaise de la Pomme de terre. Cette fausse croyance explique ce qui suit.

» Il est surprenant, dit-il, qu'en Suisse, pays bien plus éloigné des contrées où on en faisait usage, on les ait connues de si bonne heure, et dans les montagnes les plus reculées. En 1730, j'allais faire avec d'autres curieux, une course botanique dans un vallon de ces montagnes du Canton de Berne : nous profitâmes de l'hospitalité d'un Ministre qui nous dit que les Pommes de terre se vendaient alors dans ce vallon à six sols le boisseau comble, et que la dîme qu'il en tirait pouvait se monter de 130 à 140 livres par an. Or alors on avait commencé d y en cultiver depuis bon nombre d'années, ce que je prouve par l'usage qu'ils avoient dès lors de couper les Pommes de terre par tranches, de les faire sécher au four et moudre au moulin ordinaire pour en faire du pain, parce qu'on ne peut semer de bled entre ces montagnes ; déjà, en 1734, l'avantage de cette culture était si bien connu dans le même canton, qu'ayant vu, sur la route depuis la capitale vers ces montagnes, un champ de 2 à 3 arpents tout planté de Pommes de terre, et en étant surpris, parce qu'en général on n'en plantait encore vers la capitale qu'un terrain de 1/8 ou 1/4 d'arpent, et en ayant demandé la raison, on me dit que ce paysan ayant acheté ce champ, un an et demi auparavant, il comptait de le payer cette année parle seul produit des Pommes de terre.

» Depuis tant d'années cette culture s'est augmentée considérablement en Suisse, et depuis le commencement de la dernière disette encore plus : un ami, patriote zélé et père des peuples de son gouvernement, m'a assuré depuis peu, qu'en 1770, ils y ont recueilli au moins 150,000 boisseaux, en 1771 encore plus, et que celle-ci 1772 cela pourra bien aller à 200,000. Que l'on juge de la quantité immense que produit ce canton, et toute la Suisse : cette denrée étant cultivée partout du plus au moins.

»..... On a été jusqu'ici dans une certaine erreur : par la distinction entre hâtives et tardives, on entendait que les premières étaient à leur point de maturité à la St-Jacques et pendant le mois d'Août ; que les autres ne l'atteignaient qu'en Octobre : on se trompe. Au lieu de dire que ces espèces sont mûres à la St-Jacques, on doit dire qu'elles sont alors mangeables. Toutes les espèces ne sont-elles pas dans ce cas ? Non. Depuis deux ans on en a examiné plusieurs ; on en a trouvé qui en Juillet, au commencement d'Août même, ne donnaient aucun signe de la formation d'un fruit, et qui pourtant à la fouille d'Octobre ou de Novembre, se trouvaient en avoir produit le plus et les plus beaux ; d'autres par contre en montrent au mois de Juillet, même en Juin. Un Anglais arrivant dans notre pays au commencement de Juillet 1771, et se rendant d'abord chez moi, tous deux comme membres de la Société des Arts, de l'Agriculture, etc., de Londres, nous nous demandâmes des nouvelles de leurs progrès ; et en parlant des Pommes de terre, il m'assura en avoir mangé déjà avant son départ de Londres, qui fut environ le 20 Juin. Comment, dis-je, avez-vous donc une espèce si précoce à Londres, qu'elle soit mûre en Juin ?... Mais les Anglais aimant ce fruit, on en apporte au marché, lors même qu'il n'est que de la grosseur d'une noisette, tout comme les Raiforts, les Raves, les Carottes jaunes, etc.

» Au commencement d'Août 1771, j'en trouvai (des Hollandaises) qui avoient actuellement 15 à 18 fruits pour un : ceci paraissait assez riche, vu que dans le général on est content d'avoir une récolte de 10 pour un. Cependant, leur laissant faire des progrès ultérieurs, on en a trouvé en Septembre jusqu'à 150 ; vers la fin d'Octobre et le commencement de Novembre, près de 300, sans compter grand nombre de très petits de la grosseur d'une noisette, d'un pois même, formé tout nouvellement... ».

Suit un passage concernant les diverses variétés connues à cette époque, dont il sera question dans un des chapitres suivants. Engel s'occupe ensuite de la Culture.

« Si la terre, dit-il, a trop de densité, les racines ne pouvant s'étendre, elles produisent souvent d'assez gros fruits, mais en petit nombre ; la place leur manque et tout forme un groupe.

» *Engrais*. L'expérience m'a prouvé qu'il fallait connaître les espèces de Pommes de terre pour juger de l'engrais qu'elles exigent. Celles qui paraissaient les plus vigoureuses par les feuilles ont un produit moindre en grosseur et quantité que les autres. En général, les blanches et jaunâtres veulent une terre bonne et un peu humide ; les rouges réussissent fort bien en terre légère et dans les champs, avec moins d'engrais. Dans une terre trop fumée, l'engrais ne leur fait produire presque que de l'herbe…

» *Choix des Pommes de terre pour planter.* Autrefois on voulut aussi économiser en ceci, on se servit des plus belles et des plus grosses pour la nourriture des hommes, les moyennes pour le bétail, et on crut que les plus petites seraient aussi propres à planter que les autres : ce sont là de ces économies ruineuses… On a remarqué à la fin que cette épargne était nuisible, que les petites pommes en produisaient des petites ; il y a plus : j'ai trouvé que les yeux même produisaient de grosses *pommes*, si on les tirait des grosses, et de petites s'ils étaient pris de petites. Il faut donc choisir en Automne, après la récolte, de belles grosses *pommes* pour les planter au Printemps : je ne veux pas dire que la grosseur en doive constituer la principale qualité, il s'en trouve souvent qui ont quelque défaut ; il faut plutôt examiner si elles sont fermes et saines, ce sont celles qu'on plante le plus avantageusement ; alors on peut disposer des autres pour la nourriture des hommes et du bétail.

» *Des morceaux et des yeux.* L'expérience a fait ouvrir les yeux aux habitants de diverses contrées où on s'est appliqué le plus à la culture des Pommes des terre, en plantant seulement des *morceaux* et non des *pommes entières* ; au lieu qu'en d'autres, on continue à en planter encore, ou comme ils le nomment, *semer* : cette expression est très applicable chez ceux-ci, vu que, comme nous l'avons remarqué, ceux qui regrettent la peine, jettent ou sèment des *pommes de terre* par poignées dans les sillons… Au reste morceaux et yeux sont souvent des synonymes, d'autres fois non : si les *pommes* ne sont pas grosses, s'il s'y trouve des yeux en grand nombre, si, dans certaines espèces, ils sont si enfoncés qu'on ne puisse pas si bien les séparer seuls, alors on est bien obligé de faire autant de morceaux qu'il y a d'yeux ; mais si les *pommes* sont grosses, et qu'on veuille en profiter encore pour la nourriture, on en sépare ou excave les yeux, comme ceux des pommes ou poires : on les plante souvent delà grosseur d'un pois, et ils produisent autant, et s'ils sont tirés de gros fruits, d'aussi grosses pommes que les morceaux, les *pommes* même entières.

» On a poussé cette invention encore plus loin. Lorsqu'on a des *pommes* unies, lisses, sans excressences ou inégalités, on en coupe la peau de l'épaisseur d'une ligne ou plus, de manière que l'œil ne soit point blessé ; on coupe ces tranches de peau en autant de morceaux qu'il s'y trouve d'yeux, et on les plante avec le même succès.

» *Graine*. Il y a plus de 20 ans que, remarquant tant de boules de graine aux plantes des *Pommes de terre*, je demandai aux cultivateurs si l'on ne s'en servait point pour en semer la graine ; on me dit que non... Les Anglais qui se sont avisés depuis peu de semer de la graine des *Pommes de terre*, n'ont d'autre but que de les renouveler, par la réflexion que toute plante, légumes, bleds, etc., dégénèrent peu à peu, et qu'il y faut remédier par de la nouvelle graine ; or, se proposant d'acquérir par là des plantes plus vigoureuses, des fruits plus gros, plus parfaits, plus sains et de meilleur goût, il est incontestable que pour atteindre ce but, il faut semer une graine qui le soit de même, celle qui est faible, légère, mal mûre, ne saurait faire cet effet, encore moins celle qu'on tire par lavage du marc des boules de graine.

» *Tems de planter*... On me conseilla de planter des Pommes de terre en Automne. J'en voulus faire l'essai : j'en plantai quelques-unes, par quatre fois, pendant tout le cours de Septembre 1771 ; elles poussèrent de belles tiges le printemps suivant et furent vigoureuses pendant tout l'été. Je me flattai d'avoir réussi, et pour n'y rien déranger, je n'y touchai point pendant tout ce tems. En Octobre je voulus faire ma récolte. Quelle surprise pour moi de n'y point trouver, non seulement les *pommes* plantées (car on ne les retrouve jamais, puisqu'elles servent à former les racines et les nouveaux fruits), mais point de fruits de l'année, que je supposais en devoir être provenus, plus gros et en plus grand nombre que des *pommes* ou morceaux plantés au printemps ! Il n'y eut donc qu'un tissu très fort de racines, des jeunes jets sans nombre, et une infinité de fruits qui, de la grosseur d'une noisette, tout au plus d'une noix, commençaient à se former, l'espèce rouge comme la blanche, tout également. A quoi donc la Nature s'est-elle occupée pendant tout ce tems ? Voilà qui mérite d'être approfondi.

» *Tems et manière de ramasser les Pommes de terre.* Je distingue quant au tems : jamais je ne conseillerais d'en faire la récolte entière, même des plus précoces, dès le mois d'Août, mais seulement autant qu'on a besoin alors pour la nourriture ; l'expérience prouve que toutes les espèces, lors même que les tiges sont sèches, augmentent en quantité et en grosseur jusqu'au commencement du froid. Il y a plus : ceux qui préféreront leur intérêt et profit au désir de s'épargner quelque peine, trouveront bien leur compte, si en cueillant quelques fruits en Juillet et Août pour la nourriture, ils n'arrachent aucune plante, mais la déchaussent, en détachent doucement quelques-uns des plus gros fruits, et recouvrent les autres de terre, ces fruits augmentant, comme nous venons de le dire, indépendamment de cela, vers l'Automne, ce retranchement de quelques-uns contribuera à multiplier et grossir les autres ; de manière que pour le moins, ce qu'on en aura recueilli sera en pur profit.

» *Objections.* Pourrait-on croire que l'utilité si grande des *Pommes de terre*, étant aussi généralement connue qu'elle l'est, il se trouvât encore des gens qui se déclarent contre, et surtout soutiennent que leur culture est fort préjudiciable à celle des bleds ?... L'autre objection roule sur la prétendue insanité des Pommes de terre et que « depuis qu'on use de cette nourriture, on voit des maladies plus opiniâtres, plus fréquentes et plus multipliées qu'autrefois ». On dit ce fruit mal sain et indigeste : voici de quoi le laver de cette imputation. Un auteur qui a parcouru l'Irlande et y a fait des observations intéressantes, assure que les habitants, quoique de taille médiocre, sont très robustes, vigoureux, et jouissent d'une parfaite santé ; que plusieurs maladies qui affligent d'autres peuples, leur sont absolument inconnues ; enfin, que les jumeaux y sont assez communs, qu'on en voit sortir par couple de chaque cabane, et que pourtant depuis leur 13° ou

15° année les *Pommes de terre* leur servent de nourriture unique. Dans les diverses provinces de l'Allemagne, et dans d'autres pays, des millions d'habitants vivent quasi uniquement de *Pommes de terre*. Un de mes amis, gouverneur d'une petite province, se trouvant avec moi en 1772 dans une Compagnie où on éleva cette question, dit en riant que les habitants de cette contrée n'avoient quasi eu pour nourriture depuis trois ans que des *Pommes de terre*, et que jamais on n'avait moins entendu parler de maladies que pendant ce tems... En général, on peut dire que sans les *Pommes de terre*, on aurait vu périr de faim dans toute l'Allemagne, dans les pays du Nord, en Suisse, etc., des cent mille personnes, peut-être des millions, vu la disette extrême des bleds qu'on ne pouvait pas se procurer en quantité nécessaire, même pour de l'argent : chacun demandait du pain, on n'en avait pas et les *Pommes de terre* y suppléèrent...

» En Allemagne, on se sert des *Pommes de terre* pour toute espèce d'animaux, chevaux, brebis, chèvres, cochons, volailles, les poissons même et les écrevisses s'en engraissent dans les réservoirs... Le commun du peuple les mange simplement bouillies à l'eau avec du sel, ou cuites au lait qui font une nourriture agréable aux personnes de condition même ; grillées, frites au beurre, en beignets et de tant d'autres manières... »

Voyons maintenant de quelle façon la culture de la Pomme de terre a pu s'établir dans le reste de la France. Nous nous servirons pour cela des documents que M. Clos a rassemblés et qu'il a publiés, en 1874, sous ce titre : *Quelques documents pour l'histoire de la Pomme de terre*, dont nous avons déjà cité plusieurs extraits.

« On lit, dans un des articles de fond les plus récents, dû à la plume de M. Gossin (*Encyclopédie de l'Agriculture*, 1866), que la Pomme de terre, après s'être propagée rapidement en France, vers 1592, dans la Franche-Comté, les Vosges et la Bourgogne, subit, comme tant d'autres choses utiles, l'épreuve de la persécution et qu'au milieu du XVIIIe siècle, elle était encore fort peu estimée en France, sa culture en grand n'existant nulle part, si ce n'est peut-être sur quelques points des Vosges.

» Cette assertion est beaucoup trop générale : mais il n'en est pas moins vrai que c'est en effet dans le Nord de la France que la Pomme de terre prend possession de notre sol avant le milieu du XVIIe siècle.

La Pomme de terre, écrit Kirschleger, était probablement cultivée au XVIIe siècle en Alsace dans quelques jardins ; en 1691, elle l'était certainement au jardin botanique de Strasbourg. Vers 1709, sa culture était *très répandue* dans notre province et même au Ban de la Roche, d'après H. Oberlin. Lindern la dit cultivée communément dans les champs des jardiniers-cultivateurs à Strasbourg, en 1728.

» J'ai souligné l'expression *très répandue*, car l'assertion du savant botaniste ne cadre pas avec ce renseignement puisé dans les *Mémoires d'Agriculture* publiées par la Société d'Agriculture de la Seine, t. Xll, en date de 1809 : « Il y a cinquante ou soixante ans que cette plante était *presque inconnue* dans la ci-devant Alsace : quelques personnes la cultivaient comme une rareté ; mais on ne voulait pas faire l'essai en grand. Le Gouvernement avait tenté en vain d'en introduire la culture. Il fallut presque employer des moyens coactifs. Un Intendant d'Alsace ordonna que chaque village aurait une certaine étendue de terrain ensemencé en Pommes de terre. Plusieurs maires furent punis pour n'avoir pas exécuté les ordres de l'Intendant. Depuis ce temps, la persuasion, l'exemple, les écrits et les instructions ont fait sans effort ce que l'autorité n'avait point obtenu ». Et l'auteur ajoute que la Pomme de terre est pour le Haut-Rhin la ressource du pays, la base de la nourriture des habitants de la campagne ; enfin qu'elle n'a jamais fait de mal.

» Cette culture existait déjà ou tendait à s'introduire dès la première moitié du XVIIIe siècle dans d'autres localités du sol français. Plusieurs documents en font foi.

» On lit, dans les Mémoires du Puy de 1864-65, qu'Aymard a prouvé par des actes de donation remontant à 1735, que les Pommes de terre ou Truffes étaient alors cultivées dans le Velay.

» Dans une discussion soulevée au sein de la Société centrale d'Agriculture en 1871 (?) sur l'histoire de la Pomme de terre, le Maréchal Vaillant annonçait qu'un de ses amis venait de découvrir un Traité, portant la date de 1749, et où sont indiquées les diverses préparations de la Pomme de terre.

» On lit d'autre part dans un ouvrage de Buchoz, intitulé *Tournefortius Lotharingiæ*, imprimé à Nancy en 1764, au mot *Solanum tuberosum* : « On cultive cette plante dans les jardins et champs. »

» En 1761, Turgot était appelé à l'Intendance de la Généralité de Limoges : les préjugés, plus forts que la misère, y faisaient proscrire le précieux tubercule, accusé d'engendrer la Lèpre. Turgot, bien convaincu de son importance, « en fît servir, écrit M. Batbie, à sa table et distribuer aux membres de la Société d'Agriculture et aux curés, en les priant d'en recommander l'usage. Lui-même, lorsqu'il se rendait dans les communautés, s'asseyait à la table des paysans et en leur présence mangeait de la Pomme de terre. Le préjugé ne résista pas à cette démonstration, et les habitants du Limousin étaient habitués à cette nourriture avant que Parmentier ne l'eût popularisé. »

» Cependant, d'après M. Gossin, « en 1765, un évêque de Castres, Mgr. du Barral, se procure le plus qu'il peut de tubercules, les distribue entre les curés de son diocèse ; puis, il leur adresse de nombreuses Instructions sur les véritables qualités de la Solanée, dont, par mandement, il leur impose la propagation comme devoir sacré. Enfin, il demande aux Grands propriétaires la cession temporaire de quelques parcelles incultes en faveur des pauvres qui les planteraient en Pommes de terre ».

» Toutefois, la Pomme de terre ne paraît pas s'être alors beaucoup répandue dans le Département du Tarn, tandis que, s'il faut en croire Picot de Lapeyrouse, elle était en grande faveur dans certaines parties des Pyrénées, mais encore presque inconnue aux environs de Toulouse. Dans sa *Topographie rurale du Canton de Montastruc [Haute-Garonne)*, ouvrage auquel la Société d'Agriculture de là Seine décernait un prix en 1814, ce savant écrivait : « La

Pomme de terre (ou patate) n'obtient pas dans les assolements du Canton la faveur que ses éminentes qualités devraient lui mériter. Elle y était entièrement inconnue ; je l'avais vue dans les Pyrénées, où on la cultive en grand, depuis plus de cinquante ans, et où elle console ces industrieux montagnards, de l'ingratitude et de l'âpreté de leur sol. J'y en pris quelques hectolitres en 1776 : je les fis planter et bien soigner. À la seconde récolte, j'en obtins deux cents hectolitres ; j'en distribuai, j'en fis préparer de différentes manières, j'essayai d'en faire manger aux chefs de famille les plus accrédités. Tous les rebutèrent avec horreur et dédain. Les laboureurs, les bergers s'obstinèrent à n'en donner à aucune espèce de bétail. Mon obstination devait vaincre la leur : à la quatrième récolte, je m'aperçus qu'on avait volé des Pommes de terre dans mes champs. Les vols continuèrent, j'en fus averti : « Tant mieux, répondis-je ; ils commencent donc à s'y accoutumer ; mais ils ont tort de les prendre à mon insu, car je ne demande pas mieux que de les leur donner ». Depuis lors, cette culture s'est propagée dans tout le canton, non qu'elle ait acquis l'importance qu'elle doit avoir, mais presque chaque famille en a une petite provision. *Seul encore, je lui consacre une étendue considérable de terrain...* Cette année qui, à la vérité, a été des plus favorables, nous en avons recueilli 1,527 hectolitres sur une jachère de six hectares de contenance; la moitié de cette superbe récolte a été retirée par les colons et est allée alimenter vingt-quatre familles. La Pomme de terre que je cultive est la blanche jaune marbrée de rouge ; elle réussit bien et est d'un gros volume. J'ai essayé plusieurs variétés ; elles ont dégénéré promptement ».

» Cette culture devait avoir pénétré en Dauphiné dès le milieu du XVIIIe siècle : car Villars écrivait en 1787 : « On cultive la Pomme de terre depuis les basses plaines de la Province jusqu'aux derniers plateaux des Alpes, où la rigueur du climat refuse l'accroissement à la plante, le développement aux fleurs, tandis que la température du globe fait végéter sa racine, d'autant plus agréable qu'elle croît dans une terre plus fine, dans un climat plus élevé ».

» De son côté, M. Quizard, propriétaire à Thonon, déclarait en 1809 que, depuis 40 ans, cette culture s'était fort étendue dans les Alpes de la Savoie, ajoutant : « Il n'y a pas un habitant qui n'en cultive ; nos paysans ne peuvent s'en passer (*Mémoires de la Société d'Agriculture de la Seine*).

» C'est encore vers cette époque qu'elle s'était répandue dans le Lyonnais. On lit, en effet, à la page 130 du *Voyage au Mont Pilat* de La Tourette, de l'année 1771 : « Cette plante se cultive à Pilat et dans tout le Lyonnais ; sa racine tubéreuse fournit un aliment bon et sain ; son goût est préférable à la truffe du Topinambour des Anglais ».

M. Clos, dans son Mémoire si rempli de précieux documents, ne nous parle pas de ce que la Pomme de terre était devenue à Montpellier. Et cependant, dans son *Hortus regius monspeliensis* ou Catalogue des plantes qui sont démontrées dans le Jardin royal de cette ville, publié par Magnol en 1697, elle figure comme étant cultivée dans ce Jardin, sous son nom botanique de *Solanum tuberosum esculentum* (Pinax) *forte Papas Perüanorum* (Clusius).

Mais fermons un instant le Mémoire de M. Clos, pour le rouvrir plus tard quand il s'agira de l'extension qu'a prise la culture de la Pomme de terre, à la fin du XVIIIᵉ siècle et au commencement du XIXᵉ siècle, dans nos départements, et revenons à Paris, où des événements importants pour notre Histoire ne vont pas tarder à s'accomplir, et pour lesquels des documents intéressants ne manqueront pas. En effet, l'influence d'un homme, Parmentier, qui avait pour ainsi dire pris à cœur de propager sérieusement la culture et la consommation de la Pomme de terre, et celle de la Société royale d'Agriculture qui devait l'aider puissamment à réaliser ce désir humanitaire, allaient toutes les deux se faire bientôt sentir par des effets inattendus. Parmentier, assez maltraité comme prisonnier de guerre en Allemagne, n'y avait été guère nourri que de Pommes de terre. Loin d'en être affecté, il se passionna pour cette nourriture. Il avait remarqué aussi que beaucoup de soldats, dans cette contrée, séparés du gros de l'armée, auraient succombé à la fatigue et à une faim dévorante, s'ils n'avaient déterré et mangé de ces tubercules après leur cuisson dans l'eau. Il n'en fallut pas plus pour lui faire comprendre tout le parti que l'on pouvait tirer de cette Pomme de terre, si stupidement dédaignée et calomniée. A son retour en France, il ne cessa de parler en sa faveur. D'autres voix, du reste, se firent entendre avec la sienne, et nous avons vu que Duhamel du Monceau en avait déjà chaleureusement conseillé l'emploi.

« On pouvait espérer, dit Cuvier (*Éloge de Parmentier*) que bientôt le royaume jouirait pleinement de cette nouvelle branche de subsistances, lorsque quelques vieux médecins renouvelèrent contre elle les inculpations du XVIIe siècle. Il ne s'agissait plus de lèpre, mais de fièvres. Les disettes avaient produit dans le Midi quelques épidémies qu'on s'avisa d'attribuer au seul moyen qui existât de les prévenir. Le Contrôleur général se vit obligé de provoquer, en 1771, un avis de la Faculté de médecine, propre à rassurer les esprits ».

D'un autre côté, Parmentier devait peu à peu réussir à se faire bien venir des Conseillers du Roi, et surtout à s'attirer la faveur et les bonnes grâces de Louis XVI, qui s'était presque laissé convertir aux idées humanitaires du Propagateur de la Pomme de terre.

Cuvier dit, en effet, dans son *Éloge de Parmentier* : « Il aurait voulu que le Roi, comme on le rapporte des Empereurs de la Chine, eût tracé le premier sillon de son champ : il en obtint du moins de porter, en pleine Cour, dans un jour de fête solennelle, un bouquet de fleurs de Pommes de terre à la boutonnière, et il n'en fallut pas davantage pour engager plusieurs grands seigneurs à en faire planter ».

Et Cuvier ajoute que Parmentier avait découvert un moyen nouveau de faire la propagande en faveur du précieux tubercule : « Il n'est pas jusqu'à l'art de la cuisine raffinée que M. Parmentier voulut aussi contraindre à venir au secours des pauvres, en s'exerçant sur la Pomme de terre ; car il prévoyait bien que les pauvres n'auraient partout des Pommes de terre en abondance que lorsque les riches sauraient qu'elles peuvent aussi leur fournir des mets agréables. Il assurait avoir donné un jour un dîner entièrement composé de

Pommes de terre, à vingt sauces différentes, où l'appétit se soutint à tous les services ».

Un autre de ses biographes, Silvestre, représentait aussi Parmentier « comme un homme que le Roi avait honoré de ses bontés particulières, auquel il destinait le Cordon de St-Michel, et dont il voulait lire les ouvrages de préférence à tous autres ».

Cuvier raconte également « qu'à une certaine époque de la Révolution, l'on proposait de porter M. Parmentier à quelque place municipale ; un des votants s'y opposait avec fureur : « Il ne nous fera manger que des Pommes de terre, disait-il, c'est lui qui les a inventées ! »

L'histoire de la Pomme de terre est si peu connue en France, que nombreuses sont les personnes qui partagent encore cette dernière croyance.

Mais parlons maintenant de la Société royale d'Agriculture. Cette Société avait été établie par Arrêt du Conseil d'État du Roi, en date du 1er Mars 1761. Elle fit d'abord peu parler d'elle, car elle ne publia qu'un seul volume contenant les extraits de ses délibérations du 12 Mars au 10 Septembre 1761. Elle se borna, pendant vingt-quatre ans, à donner plusieurs prix et à faire distribuer quelques instructions aux cultivateurs. Mais, en 1785, elle prit une vie nouvelle, s'affirma par des publications régulières et commença à rendre de grands services. Parmentier y remplissait alors les fonctions de Censeur royal, ce qui devait faire de lui une sorte de membre privilégié, et il en profita pour y faire des communications et y lire des Rapports et surtout des Mémoires, qu'on ne trouve pas dans ses ouvrages, et qui nous ont paru avoir un assez grand intérêt pour figurer dans cette Histoire. Il existait à cette époque un Comité d'Administration de l'Agriculture au Contrôle général des Finances. Parmentier, appelé par le Contrôleur général à faire partie de ce Comité, s'excusa sur l'impossibilité de concilier ses devoirs comme membre de la Société d'Agriculture avec ces nouvelles fonctions. Ceci se passait en Septembre 1785 (d'après Pigeonneau et de Foville, 1882).

Nous trouvons, dans les Mémoires de cette Société royale d'Agriculture, séance du 16 Juin 1785, l'article suivant, après l'annonce d'un ouvrage de M. Parmentier, intitulé : *Instruction pour la culture et l'usage du Maïs en fourrage*, etc. « La Pomme de terre, dont la culture est encore plus essentielle que celle du Maïs, parce qu'elle réussit dans tous les cantons, a été encore plus cultivée cette année dans la Généralité de Paris que les années précédentes. M. l'Intendant a fait distribuer, dans plusieurs endroits, l'espèce appelée *Hâtive*, qui convient mieux que toute autre aux Bestiaux ; et quoiqu'elle n'ait été plantée qu'à la fin de Juin, elle a très bien réussi : ce qui n'a pas peu contribué à répandre le goût de cette culture parmi les cultivateurs ».

Dans la séance du 21 décembre 1786, Thouin et Parmentier rendent compte en ces termes de diverses observations, faites sur la culture du Sorgho, du Maïs et des Pommes de terre, par M. Dussieux à Maison-Blanche, Paroisse de Lézigny, en 1786 : « … M. Dussieux a étendu davantage sa culture de Pommes de terre : il a employé un arpent et 10 perches de terrain. Une partie fut labourée à la bêche, une autre avec la petite charrue, nommée le Cultivateur américain. Dans la première partie, les morceaux de Pommes de terre furent distribués deux à deux dans des trous de 5 à 6 pouces de profondeur, disposés en quinconce, éloignés entre eux d'environ 18 pouces. Dans l'autre partie, les tubercules de Pommes de terre furent plantés derrière la charrue, dans des sillons tracés à trois pieds de distance les uns des autres, et recouverts ensuite par la charrue, avec la terre du sillon voisin. Ces deux plantations furent garnies de fumier consommé. M. Dussieux n'a point remarqué de différence dans le produit de ces deux manières de planter les Pommes de terre, si ce n'est que celle qui avait été faite à la bêche a fourni un plus grand nombre de tubercules ; ceux qu'on a tirés des sillons étaient beaucoup plus gros, et le poids de chaque récolte était égal à peu de chose près. Enfin le produit de cette culture a été de 85 setiers de Pommes de terre belles et saines, qui ont servi de nourriture aux hommes, aux bestiaux et aux volailles, sans comprendre la coupe des fanes de la plante qui a été faite après sa fleuraison, et qui a procuré un fourrage vert, aussi abondant que profitable aux bestiaux. M. Dussieux évalue les frais de la culture d'un arpent de Pommes de terre, cultivé par la charrue américaine, à 54 livres 14 sols, et il croit que le produit doit être ordinairement de 70 à 75 setiers de tubercules; enfin il est convaincu qu'un arpent de terre employé à la culture de cette plante équivaut à six arpents semés en avoine, et qu'il suffit à l'attelage d'une charrue, c'est-à-dire de trois chevaux La seule chose dont M. Dussieux se glorifie avec raison, c'est d'avoir introduit le premier dans son canton, des cultures qui non seulement n'y étaient pas pratiquées, mais même contre lesquelles les habitants étaient prévenus, et pour lesquelles ils avaient une forte répugnance, surtout pour celle des Pommes de terre. Il est parvenu à donner aux habitants de son voisinage une opinion avantageuse de cette culture et à la leur faire mettre en pratique ».

Dans la séance publique du 30 mars 1786, lecture a été donnée par son auteur du Mémoire suivant : « MÉMOIRE SUR LES SEMIS DES POMMES DE TERRE, par M. Parmentier.

» Si le froment a acquis et conservé le droit d'être placé à la tête des semences farineuses par rapport à la nourriture salutaire que ce grain fournit abondamment à l'homme et aux animaux, on peut avancer avec la même certitude que la Pomme de terre est bien digne de tenir le premier rang parmi les racines potagères, puisqu'il est possible de la faire servir également en boulangerie, dans les cuisines et dans les basses-cours.

» Un avantage précieux qui semble distinguer la Pomme de terre des autres racines alimentaires de cet ordre, c'est qu'il n'y a pas de sol qui, secondé par l'industrie, ne devienne propre à sa culture ; toutes les expositions lui conviennent ; sa végétation est facile et sa fécondité si merveilleuse, qu'un arpent de terre sablonneuse qui avait à peine rendu le grain ensemencé, a fourni 600 boisseaux de Pommes de terre, et qu'une seule de ces racines garnie de 22 œilletons, en a produit jusqu'à 634 de toute grosseur. Ces exemples si communs de fécondité, que l'expérience justifie journellement, annoncent la force végétative de la Pomme de terre, en même temps qu'ils servent à prouver qu'un petit coin de jardin qui en serait planté, suffirait pour offrir à une famille très nombreuse de quoi subsister pendant la saison morte de l'année.

» *Dégénération des Pommes de terre.*

» La nature, en signalant son excessive libéralité envers la Pomme de terre, ne lui a pas donné une constitution capable de résister à toutes les intempéries des saisons ; et quoiqu'elle puisse soutenir longtemps les effets de la sécheresse et de l'humidité, braver l'action destructive de la grêle, des vents et des brouillards, elle n'en est pas moins assujettie à des accidents et à des maladies qui dérangent et détruisent son organisation.

» Ainsi, malgré les avantages réunis de la saison, du sol et de tous les soins que demande sa culture, la Pomme de terre dégénère, et cette dégénération plus marquée dans certains cantons, a été portée à un tel degré, que dans quelques endroits du Duché des Deux-Ponts et du Palatinat, la plante, au lieu de produire des tubercules charnus et farineux, n'a plus donné que des racines chevelues et fibreuses, quoiqu'elle fût pourvue comme à l'ordinaire de feuilles, de fleurs et de fruits ou baies.

» Cette espèce de calamité pour les pays qui l'éprouvent, a été attribuée à plusieurs causes qui n'ont aucune part directe ; les uns ont prétendu qu'elle dépendait du défaut de maturité des racines employées à la plantation, ou de ce qu'elles avaient été endommagées par la gelée ; les autres, qu'elle était due à la méthode de les multiplier par les œilletons ; enfin, beaucoup croyant avoir remarqué que cet accident s'était manifesté plus particulièrement dans les Cantons où l'on cultivait la Pomme de terre *grosse blanche hâtive*, arrivée nouvellement de l'Amérique, n'ont pas fait difficulté de lui assigner pour cause le mélange des poussières séminales de cette espèce inférieure en qualité, et que la proscription de sa culture deviendrait le remède le plus assuré et le plus facile pour arrêter le mal à sa source.

» Sans vouloir discuter ici en détail les différentes opinions auxquelles a donné lieu la dégénération des Pommes de terre, je ferai seulement observer que ces tubercules plantés peu de temps après leur formation, et bien avant leur parfaite maturité, n'en ont pas moins rapporté des racines pourvues de toutes leurs propriétés ; qu'une fois la Pomme de terre frappée par la gelée et abandonnée à elle-même, n'est plus susceptible d'aucune reproduction quelconque, et que les Pommes de terre originaires de l'œilleton détaché de la Pomme de terre sans pulpe, n'en ont pas moins rapporté l'année d'ensuite une abondante moisson.

» Quant aux mélanges des poussières séminales, d'une espèce différente, regardés comme la cause de la dégénération d'une autre espèce, ce mélange peut bien apporter des changements notables à la qualité des fruits pulpeux et des semences qui s'y trouvent contenues, mais il ne parait pas que son influence puisse exercer une action aussi marquée sur la constitution d'un végétal qu'on perpétue immédiatement par la voie des racines ; d'ailleurs on a remarqué que la Pomme de terre n'avait point été susceptible de cet abâtardissement, là où il y avait en culture, à peu de distance, la nouvelle espèce.

» Toutes ces raisons et beaucoup d'autres qu'il serait superflu de détailler ici, puisqu'elles n'apprennent rien sur la question principale, ne m'ont donc pas paru suffisantes pour expliquer la dégénération dont il s'agit.

Cause de la dégénération des Pommes de terre.

» Après m'être assuré que cette dégénération ne provenait point des circonstances que je viens d'exposer, comme aussi de la négligence du cultivateur et du choix du sol, j'ai cru en apercevoir la principale origine dans l'affaiblissement du germe des racines, et voici sur quoi je fonde mon opinion ; je la soumets volontiers aux lumières de la Société d'Agriculture.

» Si la Bouture, le Drageon, la Marcotte, dont la nature se sert pour perpétuer l'espèce, et que l'homme a su mettre à profit pour jouir plus promptement des richesses du Règne végétal, si ces différents moyens donnent des individus entièrement semblables entre eux ; le principe de leur reproduction, disséminé dans tout le corps de la plante, s'affaiblit d'une manière insensible, et diminue de force végétative à mesure qu'elle approche du terme de son extinction ; enfin, il ne paraît pas aussi vivace que celui des mêmes individus originaires de semences, qui semble au contraire aller en augmentant de vigueur, jusqu'à l'époque où cette vigueur, pour être trop subdivisée, a perdu nécessairement de sa force ; d'où il suit qu'en général, une postérité qui a eu pour père primitif, une branche, une tige, une racine, ne prolonge jamais la durée de son existence aussi longtemps que si elle était due à la graine, à ce précieux dépôt de la multiplication.

» Cela posé, on peut avancer que la Pomme de terre des endroits où sa dégénération s'est manifestée le plus, y a été apportée d'Irlande par exemple, que depuis un siècle et plus, le sol et l'aspect où elle se trouve maintenant transplantée, soit de nature entièrement différente, il n'est pas douteux, dis-je, que le germe de cette plante, toujours propagée par un moyen qui n'est point celui de la nature, ne doive s'affaiblir chaque année, puisqu'entre la bouture et la graine, il y a cette différence, que dans la graine toute l'énergie de la reproduction se trouve rassemblée, tandis que dans la bouture, cette reproduction ne parait avoir lieu que par une sorte de communication qui approprie des sucs sans développer cette même énergie.

» Cette explication sur la cause de la dégénération des Pommes de terre peut s'appliquer également à celle de beaucoup d'autres végétaux, dont les changements successifs dans la qualité, dans le produit et même dans la forme, sont attribuées tous les jours à l'épuisement du terrain, à la nature des engrais et aux différentes méthodes de culture employées, lorsqu'il est prouvé que ces circonstances ne jouent point le rôle principal.

Moyens de prévenir la dégénération.

» Consulté à plusieurs reprises sur les moyens qu'on pourrait efficacement employer contre les suites fâcheuses de cette dégénération, j'ai cru devoir rappeler d'abord la pratique sage des bons Cultivateurs qui ont grand soin de changer chaque année de semence, de se servir toujours de celle moissonnée dans des terrains ou à des aspects opposés.

» D'après ce principe, confirmé par l'expérience, j'ai engagé à préférer, pour la plantation, les Pommes de terre venues à quelque distance du lieu qu'on veut en enrichir, à mettre celles récoltées sur des terres fortes un peu élevées, dans les fonds bas et légers ; et comme leur fécondité diminuait à mesure que la même espèce occupait un même terrain plusieurs années consécutives, j'ai recommandé expressément de ne jamais faire produire ce végétal dans la même pièce, qu'il valait mieux l'ensemencer en grain, qui, conformément aux observations de M. Duhamel, dont le nom sera toujours cher à l'Agriculture, donne une récolte plus abondante que si elle n'avait pas été précédée par cette culture.

» Mais, éclairé par quelques recherches sur la véritable cause de la dégénération des Pommes de terre, il m'a paru essentiel d'insister davantage sur la nécessité urgente de renouveler les espèces par l'emploi de la graine : on a suivi mon conseil ; je l'ai moi-même mis en usage, et nous avons obtenu le succès qu'il était possible de désirer en pratiquant la méthode que je vais indiquer.

Des baies ou fruits de Pommes de terre.

» Ces baies ou fruits sont plus ou moins grosses, nombreuses et abondantes en semences, suivant l'espèce et la vigueur de la plante ; elles ne sont d'aucun usage dans les pays mêmes où la culture des Pommes de terre est en grande considération : on a bien fait quelques tentatives pour en retirer par la fermentation et la distillation, une liqueur spiritueuse analogue à l'eau-de-vie, mais je ne pense point qu'on puisse les destiner à un emploi plus utile que celui des semis.

» Pour faire la récolte des baies, il faut attendre qu'elles soient parfaitement mûres, et c'est assez ordinairement dans le courant de Septembre ; elles commencent alors à blanchir et à se ramollir, il ne s'agit plus que de les conserver pendant l'hiver jusqu'au retour du printemps.

Des graines de Pommes de terre.

» On pourrait se dispenser sans doute d'extraire des baies de Pommes de terre la semence qu'elles contiennent ; il suffirait de renfermer ces fruits aussitôt après leur récolte dans une caisse avec du sable, lit sur lit, ou bien de leur laisser le pédicule commun qui les attache immédiatement à la tige, et de les suspendre ainsi au plancher, aux murs ou sur des cordes ; ils se conservent dans cet état sans altération jusqu'au moment des semailles ; il ne resterait plus alors qu'à les écraser et les mêler avec du sable pour les semer ensuite ; mais indépendamment que cette méthode est embarrassante, elle ne permet pas d'envoyer au loin et aussi commodément la graine, comme celle des autres végétaux enveloppée dans un péricarpe moins humide et moins charnu.

» Le moyen qui m'a paru le plus expéditif, consiste à laisser entrer en fermentation les baies dès qu'elles sont cueillies, afin de diminuer un peu de viscosité ; on les écrase ensuite entre les mains, et on les délaye à grande eau, pour séparer, à l'aide d'un tamis, la graine du gluten pulpeux qui la renferme, après quoi on la fait sécher à l'air libre.

» Cependant, comme il y a tout lieu de présumer que le séjour d'une graine aussi petite et aussi délicate, dans l'eau employée à l'extraire, pourrait quelquefois lui nuire, il serait possible, surtout quand il s'agirait d'une petite quantité, de substituer à ce procédé celui d'écraser les baies de Pommes de terre, de les étendre sur du papier gris ou sur des cordes à l'instar des Mûres dont on veut avoir la graine ; la semence alors ne pourrait souffrir aucune altération, la matière muqueuse absorbée et détruite par ce moyen, présentant à l'air beaucoup de surface, la semence sécherait promptement.

» La semence de Pomme de terre est petite, oblongue, et contient une amande ; elle est blanche lorsqu'elle est encore enfermée dans la baie ; elle est jaune, quand elle est extraite par le papier ou par des cordes, et d'une couleur fort brune, quand on l'a retirée ; au moyen des lavages à l'eau, j'ai tiré d'une de ces baies de moyenne grosseur, jusqu'à 302 graines.

Culture des Pommes de terre par semis.

» L'idée de multiplier les Pommes de terre par semis, se sera présentée sans doute à l'esprit de quiconque aura bien observé la végétation de cette plante : car on ne saurait disconvenir que ce ne soit de cette manière que la nature s'y prend pour régénérer les espèces et multiplier les variétés : il reste toujours sur terre, après la récolte, des baies qui échappent aux rigueurs de l'hiver ; leurs semences germent au Printemps, et se confondent avec la plantation nouvelle ; plusieurs cultivateurs distingués ont tenté cependant cet essai intéressant, quelques-uns sans but : la voie des semis leur ayant toujours paru longue, coûteuse et difficile, ils ne l'ont pas suivie pour connaître le tems que devait parcourir la Pomme de terre avant de compléter sa récolte ordinaire, et qu'elle pouvait être par la suite la qualité de cette production originaire des semences, comparée avec celle venue par la racine.

» On sèmera la graine à la fin d'Avril, par rangs, dans des rigoles de trois pouces de profondeur, pratiquées sur des planches de terre disposées à cet effet ; il y aura un pied de distance entre chaque rang, et les rigoles seront recouvertes de terre.

» Lorsque les jeunes tiges de Pommes de terre paraîtront, il faudra en éclaircir le nombre, afin qu'il y ait toujours 8 à 9 pouces d'intervalle entre chaque pied : on pourra transplanter les autres de la même manière ; dès que la plante commence à jaunir, on enlèvera les racines, et on les préservera de la gelée et de la germination ; au mois d'Avril, on les plantera par rangées, on les cultivera, on les recueillera à la manière ordinaire, et la moisson de la troisième année sera aussi riche que de coutume.

» Nous observerons cependant que, moyennant un bon terrain et des soins entendus, la Pomme de terre pourrait acquérir par semis sa grosseur et sa fécondité ordinaire, dans un cercle de tems moins considérable. M. Engel, dans son *Instruction sur la Culture des Pommes de terre*, assure avoir eu par ce moyen, dès la première année, des racines qui pesaient jusqu'à une livre un quart, et beaucoup d'autres dont le pied était de 8 à 9 pouces. M. Hill et moi, avons fait des observations à peu près semblables ; mais je crois devoir avertir qu'il faut toujours soigner avec plus d'attention les Pommes de terre, venues par ce moyen : elles paraissent d'une constitution moins forte et plus tendres à la gelée ; alors leur feuillage n'a pas autant de vigueur, ni la même étendue.

Avantages des semis de Pommes de terre.

» En faisant des semis de Pommes de terre, à l'instar des Pépinières, on rajeunit l'espèce dont le germe est fatigué, et qui s'abâtardit tous les jours ; on distingue les précoces de celles qui sont tardives ; on a créé même des espèces nouvelles, qui, appartenant à notre sol et à notre climat, seront par conséquent moins susceptibles de l'inconvénient dont il s'agit.

» Voilà donc un moyen d'envoyer d'un bout à l'autre de l'Univers sous un très petit volume, et même dans une lettre, de quoi propager les Pommes de terre de bonne qualité, multiplier le nombre de leurs variétés, prévenir leur dégénération, et surtout les acclimater. C'est ainsi que j'ai cherché cette année à opérer ces effets ; je me propose de continuer d'en faire autant pour les années suivantes, en donnant à quiconque s'intéressera à cette production, la graine mélangée des bonnes espèces que je viens de récolter.

» Occupé depuis longtemps à suivre la chaîne des variétés des Pommes de terre, j'ai cru ne devoir pas me borner à revivifier cette plante par semis ; mon travail aurait été incomplet, si je n'eusse songé à tirer les meilleures espèces de l'Amérique septentrionale, leur première patrie.

» M. le Maréchal de Castries a bien voulu donner des ordres aux Consuls du Roi employés dans cette partie du monde, et les vues du Ministre ont été parfaitement secondées par M. Saintjean de Crévecœur, correspondant de la Société d'Agriculture, qui s'est empressé d'envoyer la Pomme de terre *ronde blanche* de New-York, et la *rouge ronde* de l'Ile Longue.

» Une circonstance que je ne saurais oublier ici, parce qu'elle sert à prouver de plus en plus combien les Pommes de terre ont de force végétative, c'est que, quoique soigneusement encaissées, elles ont végété pendant leur trajet, et n'ont plus offert à leur arrivée qu'une masse composée de germes entrelacés, en partie desséchés ou pourris ; mises en terre dans cet état avarié, elles se sont développées à merveille ; frappées avant la fleuraison par une grêle énorme qui a haché la totalité du feuillage, leur végétation n'a été suspendue qu'un moment ; bientôt elles ont repris leur première vigueur, et ont donné une abondante récolte. M, l'Intendant a désiré que le produit qui en est résulté, fût destiné à couvrir plusieurs arpents de terre dans les environs de Paris, afin de présenter un grand exemple aux habitants de la Capitale, et de pouvoir en enrichir sa Généralité ; sans doute que, de proche en proche, ces deux espèces qui joignent l'abondance à la qualité, se répandront dans toutes les autres Provinces du Royaume : puissent-elles, comme en Irlande et en Amérique, ajouter à la force de l'Agriculture, devenir pour ceux dont la subsistance dépend de récoltes incertaines, un heureux supplément, et écarter pour jamais de nos foyers, le fléau de la disette ! »

Ce mémoire est tout à l'honneur de Parmentier, et est certainement instructif à plusieurs points de vue. La culture des Pommes de terre par semis n'était pas une idée tout à fait nouvelle : elle avait eu des promoteurs, comme il le reconnaît lui-même. Mais cette idée, il sait la faire sienne, il réussit à faire valoir tous ses avantages, à signaler ses inconvénients. On ne peut que reconnaître la justesse de son opinion au sujet de la nécessité de la régénérescence par l'emploi de la graine. Puis, cette pensée d'une dégénération de la Pomme de terre au moment même où il s'efforçait d'en préconiser la culture et la consommation, ne devait-elle pas l'inciter à trouver tous les moyens possibles pour la combattre, et prévenir par là un nouvel argument que lui auraient opposé les ennemis de la Pomme de terre, qui alors étaient encore fort nombreux ?

M. de Chancey, l'un des correspondants de la Société d'Agriculture, résidant à Saint-Didier, au mont d'Or, près de

Lyon, avait adressé à la Société plusieurs Mémoires sur la culture des Pommes de terre. Parmentier, qui avait été chargé de rendre compte de ces Mémoires, donna lecture de son Rapport le 14 Juin 1887.

« Pour connaître d'abord, dit-il, la vraie préparation qu'exigeait la terre destinée à être plantée en Pommes de terre, M. de Chancey a commencé par s'assurer de la différence qu'il y avait dans le produit, entre un champ fumé et un autre qui ne l'aurait point été ; entre un terrain labouré et un terrain bêché ; enfin entre celui-ci et un champ défoncé. Dans ce dernier la maturité a été plus prompte et la récolte plus abondante d'un sixième que dans le champ labouré ; le produit a augmenté d'un cinquième dans celui qui a été bêché, et d'un quart dans celui qui a été défoncé ; d'où il résulte que :

L'arpent labouré et fumé a produit de Pommes de terre,	501	boisseaux ;
L'arpent labouré sans être fumé	450	»
L'arpent bêché et fumé	600	»
L'arpent bêché sans être fumé	498	»
L'arpent défoncé et fumé	753	»
L'arpent défoncé sans être fumé	633	»

» Il s'agissait ensuite d'établir quelle espèce d'engrais convenait le mieux aux Pommes de terre. M. de Chancey a employé, pour éclaircir cette nouvelle question, le même esprit de recherches et d'observations qui l'a dirigé dans la discussion de la première. Toutes les plantes fumées sont constamment plus belles, plus vigoureuses que les plantes non fumées et plus hâtives ; mais en même temps le goût de leur fruit est généralement moins délicat que dans celles-ci : ce qui fait que, dans certains Cantons, on achète plus volontiers les Pommes de terre des gens de la campagne que celles des jardiniers. Après avoir essayé successivement, et dans des proportions différentes, plusieurs genres d'engrais, M. de Chancey s'est convaincu qu'ils avaient tous un égal succès, et qu'il fallait bien se garder d'en employer une plus grande quantité que pour la culture des grains : au reste, il en est de la Pomme de terre comme des autres plantes ; c'est au cultivateur exercé et intelligent, qu'il appartient spécialement de déterminer ce qui est propre à son sol, et de régler sa conduite sur ses ressources locales.

» De ces observations en quelque sorte préliminaires, M. de Chancey passe à l'examen de plusieurs questions relatives à la culture des Pommes de terre considérées sous tous les rapports. Faut-il planter ces racines par œilletons, par morceaux ou entières ? Doit-on préférer les grosses aux moyennes, et celles-ci aux petites ? La méthode de les cultiver doit-elle varier à raison des espèces et du sol ? C'est encore l'expérience qui répond à toutes ces questions. Quelques auteurs ont prescrit de mettre jusqu'à trois Pommes de terre dans chaque trou ; d'autres conseillent d'y mettre simplement l'œil détaché de la racine ; d'autres sans pulpe. Dans le premier cas, on emploie en pure perte beaucoup de racines ; dans le second, au contraire, on court le risque d'avoir de chétives récoltes. M. de Chancey a entrepris, en 1784, une suite d'expériences qui confirment, comme je l'avais déjà annoncé, qu'il était avantageux de partager les espèces de Pommes de terre longues, et moins les rondes, surtout lorsqu'il y a lieu de craindre les ravages du Ver du Hanneton. Malheur alors à ceux qui n'ont planté que des morceaux pourvus seulement d'un œil : la plupart des pieds manquent, et ceux qui échappent au fléau destructeur dont nous venons de parler, ne produisent pas abondamment. Quant à l'espèce de culture à suivre, il existe plusieurs méthodes dont la bonté est déjà constatée par des expériences décisives ; mais ces méthodes varient entre elles ; dans les terres légères et sablonneuses, un simple labour suffit. Il faut défoncer celles qui sont argileuses ; mais quelle que soit la méthode adaptée à la nature du sol, pourvu que la terre soit rendue aussi meuble qu'il est possible avant d'y déposer la plante et tout le temps de son accroissement, le rapport sera toujours proportionné au travail.

» On s'est trompé en croyant qu'en coupant la tige et les feuilles de Pommes de terre un peu tard, et avant que le froid ou la maturité ne les flétrisse, on risquait de nuire au produit des tubercules, et que ces feuilles données pour nourriture aux vaches, faisait tarir leur lait. Mes expériences ont prouvé qu'une pareille assertion était sans fondement. M. de Chancey est du même avis, puisqu'il insiste sur l'avantage de les donner en fourrage au bétail ; mais les tentatives qu'il a faites pour les réserver pour l'hiver et les conserver saines, ont été sans succès, soit qu'il ait voulu enlever à ce fourrage son humidité qui est très considérable, soit qu'il les ait mises à macérer dans l'eau comme on le pratique pour les feuilles de Vigne. Il observe qu'on pourrait, dans certains endroits, faire de l'eau-de-vie avec les baies ou fruits de la Pomme de terre, seules parties de la plante susceptibles d'une fermentation spiritueuse ; en vain y soumettrait-on les racines, l'absence de la matière sucrée deviendra toujours un obstacle au succès de cette opération.

« Les Pommes de terre épuisent-elles, ou non, le sol ? La culture en est-elle avantageuse à celles des grains qui leur succèdent ? Pour répondre à ces deux questions, il faut prendre en considération les différentes espèces de Pommes de terre, la qualité du terrain où on les plante, l'époque de leur plantation, la manière de les cultiver, le genre de production qu'on fait venir ensuite sur le même sol.

»... Il s'ensuit que lorsque l'on a recueilli des Pommes de terre dans des terres à froment, on peut, en fumant de nouveau, les ensemencer de ce grain ; le fumier est même quelquefois inutile, quand le sol est gras ; d'ailleurs, une expérience non interrompue de deux siècles prouve que les plus beaux prés et les champs les plus productifs de l'Irlande doivent leur fertilité à la culture des Pommes de terre.

» Le Froment et les autres grains dont nous formons la base de la subsistance journalière, n'admettent point ordinairement parmi eux des plantes d'un autre genre : du moins cette admission n'est pas exempte de reproches ; les succès que j'ai obtenus en cultivant le Maïs dans des planches de Pommes de terre auxquelles ce grain communique un ombrage salutaire et une sorte d'humidité végétative, a déterminé M. de Chancey à faire le même essai. Un arpent bêché, fumé et planté en Pommes de terre et Maïs, lui a fourni 1,005 boisseaux de tubercules, tandis que la même étendue de terrain servant de comparaison n'en a rapporté que 753, sans compter, dans le premier cas, la récolte du Maïs, dont les pieds sont devenus aussi forts et aussi vigoureux que s'ils avaient été seuls. On peut encore, en faisant succéder au Colsa, au Lin et au Seigle, les Pommes de terre, obtenir une double récolte du même champ : mais on suppose que le fond soit excellent et la température très favorable ; car dans les endroits où les gelées blanches se manifestent dès les premiers jours de Septembre, on ne doit pas s'attendre à jouir constamment de pareils avantages.

» Le deuxième Mémoire de M. de Chancey a pour objet les différentes manières dont les Pommes de terre se reproduisent. On sait que cette plante est du nombre de celles à qui la nature a accordé la faculté de se régénérer, en les divisant ; c'est aussi ce qui a fait donner à la Pomme de terre le nom de Polype végétal ; on la multiplie ainsi au moyen des yeux, des germes, de la bouture et du semis : cette dernière méthode est sans contredit la plus intéressante, puisqu'à l'avantage de rajeunir l'espèce lorsque le germe est fatigué, elle joint celui de donner des espèces nouvelles qui, appartenant à notre sol et à notre climat, seront susceptibles de s'abâtardir. La voie des semis a souvent été tentée par des cultivateurs distingués, mais sans aucun but particulier ; ils ne l'ont même jamais bien suivie, sous prétexte qu'elle était longue, coûteuse et difficile pour la production ; cependant M. de Chancey a obtenu, au moyen de ses semis, des Pommes de terre de l'espèce *Grosse-blanche* qui pesaient jusqu'à 21 onces et des *Rouges-longues*, de 4 à 5 onces. M. Hell qui a fait les mêmes expériences en Alsace, et M. de Ladebat, en Guyenne, en ont également récolté beaucoup d'un égal volume ; ils ont remarqué que les pieds transplantés donnaient généralement plus de bulbes que ceux qui ne l'avaient pas été. Les Cultivateurs qui se plaignaient de la dégénération des Pommes de terre n'ont désormais qu'à recourir au semis s'ils veulent avoir des plantes plus vigoureuses, des tubercules plus gros, plus nombreux, plus sains et de meilleur goût que ceux qu'on a ordinairement. Il n'est plus maintenant de Canton, si petit qu'il soit, dans le Royaume, où je n'aie envoyé de la graine au moins par la voie du Courrier.

» L'examen des différentes espèces de Pommes de terre est aussi entré dans le plan du travail de M. de Chancey. Quelques auteurs les avaient fait monter à plus de soixante ; mais il est facile de juger qu'ils ont compté dans ce nombre beaucoup de variétés. Les onze espèces de Pommes de terre que je me suis procurées de l'Amérique, la première patrie de cette plante, et dont je distribue chaque année, depuis quatre ans, des échantillons, se sont soutenues quant à leur port et à leur forme, dans les divers Cantons où on les a cultivées. Une seule envoyée, il y a quatre ans, à M. de Chancey, l'a mis à portée d'en couvrir trois arpents et demi, dont le produit est destiné à être répandu dans le Lyonnais. Ce ne sera pas là le seul service dont ses concitoyens lui seront redevables : il a engagé, il y a deux ans, quelques personnes charitables à faire cultiver des Pommes de terre au profit des pauvres : l'un a prêté son champ ; l'autre a fourni l'engrais ; un troisième s'est chargé des frais de labour, de semence et de culture, et cela a suffi pour subvenir aux besoins pressants de bien des familles : le même acte de bienfaisance a été renouvelé cette année. Puisse cette manière de soulager les malheureux avoir partout des imitateurs ! Tel est le précis des deux Mémoires de M. de Chancey : sa passion favorite paraît être la culture des Pommes de terre ; et son motif, le bien qu'elle procurera à la classe la plus indigente des citoyens. Je pense donc qu'en s'occupant ainsi de tout ce qui peut tendre au bonheur de l'humanité et aux progrès de l'Agriculture, cet auteur patriote a acquis des droits à l'estime publique, et que ses travaux sont dignes de l'approbation de la Société ».

En 1888, on célébrait le centenaire de Parmentier, en inaugurant la statue que la reconnaissance publique lui avait élevée sur une des places de Neuilly-sur-Seine, non loin de cette plaine des Sablons dont la culture de Pommes de terre, en 1787, est devenue historique. Le mémoire de Parmentier que nous citons ici, puis le Rapport des commissaires de la

Société d'Agriculture qui lui fait suite, extraits tous deux des publications de cette Société, feront mieux saisir dans tous ses détails ce que signifiait cet essai de culture, dont les résultats ont été inespérés. Il ne faut pas oublier, non plus, que la Société d'Agriculture s'y était complètement associée, et qu'elle a été faite en somme avec son concours.

MÉMOIRE SUR LA CULTURE DES POMMES DE TERRE A LA PLAINE DES SABLONS ET DE GRENELLE, par M. Parmentier. (Lu à la Séance publique du 19 Juin 1787.)

« L'année rurale 1785 a été remarquable par deux espèces de calamités qui n'ont épargné aucune de nos provinces : toutes ont éprouvé plus ou moins sensiblement, et la disette de fourrages qui a entraîné la perte d'une partie des bestiaux, et la moucheture des blés qui, dans certains Cantons, a réduit au tiers les récoltes en froment : le Gouvernement, justement alarmé de ces fléaux passagers, s'est empressé d'en arrêter les suites, en chargeant plusieurs membres de la Société royale d'Agriculture, de rédiger des Instructions sommaires sur les différentes ressources qu'il était possible d'employer, selon les Cantons et la nature du sol, pour remédier aux maux que l'extrême sécheresse occasionnait, et prévenir en même temps ceux que cette température désastreuse présageait encore ; les efforts n'ont pas été infructueux, puisque beaucoup de propriétaires, au lieu d'être forcés, comme certains fermiers, de se défaire de la plupart de leurs bestiaux, se sont trouvés en état d'en nourrir un plus grand nombre, et qu'ils songent à profiter de l'expérience acquise pour se ménager des secours contre les mêmes inconvénients.

» Parmi les ressources indiquées, la Pomme de terre a été spécialement recommandée, et elle a rempli le plus complètement les espérances : ces racines, quoique plantées bien après la saison, n'en ont pas moins prospéré dans des terrains où les menus grains avaient entièrement manqué, et les vides entre les arbres, qui bordent quelques grands chemins neufs, en ont également fourni d'abondantes récoltes.

» Encouragé par ce succès presque inattendu, M. l'Intendant de la Généralité de Paris a désiré qu'on essayât cette culture dans la Plaine des Sablons ; en conséquence, deux arpents, pris au hasard dans ce vaste champ inculte, ont été labourés et plantés en même temps, sans aucune sorte d'engrais ; et malgré les circonstances les plus contraires à l'expérience, puisque la Pomme de terre n'a pu être plantée que le 15 de Mai, c'est-à-dire six semaines après l'époque ordinaire de la plantation, et que, pendant un mois et cinq jours, elle n'ait pas reçu une goutte d'eau, sa végétation n'en a pas moins été considérable, au point de faire croire que le sol aride qu'elle recouvrait était un excellent fond, qu'il avait été disposé par plusieurs labours, amendé par les meilleurs fumiers, et que tous les périodes de son développement avaient l'avantage d'être continuellement favorisés par la saison. Il est résulté de ces essais 520 boisseaux de Pommes de terre, sans compter les pieds que la cupide avarice ou la curiosité ont fait arracher. La totalité de la récolte a été donnée à la Société philanthropique ; cette première tentative n'ayant été, dans l'origine, qu'un essai, en quelque sorte préliminaire, il était important de la répéter plus en grand sur le même terrain ; ainsi au lieu de deux arpents, on en a pris trente-sept : la Pomme de terre, divisée par morceaux, a été jetée dans la raye derrière la charrue, à cinq pouces environ de profondeur, et à un pied de distance : on a laissé entre les rangées un espace suffisant pour permettre à la petite charrue américaine l'exécution des différents travaux de culture, et démontrer à la fois ce qu'on peut épargner de soins, de temps et de frais par cette méthode, tandis que le produit, destiné à être distribué aux pauvres des campagnes de la Généralité de Paris, concourra à inspirer au peuple du goût pour un aliment si propre à sa constitution et à ses facultés.

» Mais il ne suffisait pas de prouver par un fait incontestable que le sol le plus aride était en état de rapporter des Pommes de terre, et que cette plante pouvait être encore employée, avec grand profit après l'ensemencement de Mars, pour suppléer aux fourrages dans les années où l'on était menacé d'une disette prochaine, il fallait multiplier les meilleures espèces, en créer même de nouvelles, rajeunir par les semis celles qui sont abâtardies, et présenter les moyens certains d'empêcher partout leur dégénération. Dix sept arpents dans la Plaine de Grenelle vont encore remplir cet objet d'utilité, et la récolte que M. l'Intendant a promise à sa Généralité, substituera bientôt aux mauvaises Pommes de terre qui existent dans nos marchés, les meilleures qualités ; il n'y a plus même un coin dans le Royaume où la Société n'ait mis ses correspondants à portée de procurer cet avantage inestimable aux Cantons qu'ils habitent.

» Voilà donc *cinquante-quatre arpents* de terrain dont les noms seuls caractérisent la stérilité, et qui, de mémoire d'homme, n'ont rapporté aucune production, consacrés aujourd'hui à donner une leçon d'Agriculture pratique, à faire plusieurs actes de bienfaisance, à naturaliser en France les nouvelles espèces de Pommes de terre, et à fixer d'une manière irrévocable celles qui conviennent à chaque terroir, à chaque exposition, à chaque climat ; quel exemple plus imposant pour les habitants de la Capitale, que d'avoir presque sous les yeux, les sables d'une terre aussi ingrate, couverts dans ce moment de verdure, au mois de Juillet des fleurs, et renfermer en Automne, à quelques pouces de leur superficie, plusieurs milliers de sacs, d'une racine précieuse, presqu'aussi substantielle que le pain, qui pendant six mois de l'année constitue la nourriture fondamentale de quelques Cantons, et qui a déjà concouru à en sauver plusieurs de la disette.

» Je ne puis me dispenser de donner ici de justes éloges à M. Aubert, subdélégué, que M. l'Intendant avait chargé de me seconder dans cette entreprise ; son zèle éclairé a infiniment contribué au succès de l'expérience, et il a acquis des droits bien mérités à la reconnaissance de la Société.

» Quoique la culture des Pommes de terre fasse aujourd'hui une des principales richesses de plusieurs nations agricoles, bien instruites en matières rurales, il s'en faut encore qu'elle soit aussi généralement répandue qu'elle mériterait de l'être ; sans doute que les circonstances qui viennent d'en faire apprécier l'utilité, serviront à réveiller l'attention de ceux des Agriculteurs qui comptent trop exclusivement sur leurs foins et leurs avoines ; mais il fallait un grand exemple pour déterminer l'impulsion générale ; déjà une multitude d'hommes du premier ordre ont abandonné des terrains pour un certain temps à quiconque y mettrait des Pommes de terre ; ils ont même procuré gratuitement la semence. L'Empereur a exempté pendant un grand nombre d'années ses sujets Hongrais de certaines taxes, à condition qu'ils cultiveraient cette plante et qu'ils en formeraient une partie de leur nourriture, ainsi que celle de leurs bestiaux ; enfin le Roi vient d'ordonner à deux de nos confrères d'admettre au nombre des plantes utiles rassemblées à Rambouillet sous les yeux de Sa Majesté, les différentes Pommes de terre réduites maintenant à onze espèces particulières.

» La culture de la Plaine des Sablons est donc une des époques les plus mémorables dans l'histoire des travaux de la Société, elle peut même devenir la source d'un très grand bien, puisque dans tous les pays du monde, il y a des terrains absolument nuls à l'Agriculture et qui pourraient fournir à nos besoins réels. Quelle est la plante, en effet, dans la multitude innombrable de celles qui couvrent la surface du globe, plus digne de l'attention des bons citoyens, que la Pomme de terre, soit qu'on l'envisage du côté de la culture ou qu'il s'agisse des ressources alimentaires que ces racines offrent aux hommes et aux animaux pendant la saison la plus morte de l'année ; elles peuvent servir également en boulangerie, dans les cuisines et dans les basses-cours ; en un mot, il n'existe pas de végétal plus propre à commencer les défrichements, à vérifier les terrains que la charrue ne sillonne jamais ou qui ne rapportent pas, en grains, la semence qu'on y a jetée : combien de landes ou de bruyères autour desquelles végètent tristement plusieurs familles, seraient en état de procurer la subsistance, le superflu même à beaucoup de nos concitoyens toujours aux prises avec la nécessité, et qui souvent n'ont d'autres ressources pour vivre, que le lait d'une vache ou d'une chèvre, et un peu de mauvais pain ; ces infortunés goûteraient pour la première fois les

138

douceurs de l'abondance et, leurs foyers rendus plus sains par l'influence bienfaisante d'une plante aussi vigoureuse en végétation, ils seraient moins susceptibles des maladies qui les épuisent, et leurs enfants deviendraient plus robustes : alors, le voyageur charmé ne détournerait plus les regards de ces chaumières situées sur des champs arides, dès qu'il en verrait le sol, fécondé par la Pomme de terre, annoncer pour l'avenir de riches récoltes et un préservatif assuré contre les funestes effets de la cherté et les malheurs de la famine ».

Le Rapport suivant, qui a été lu à la Société d'Agriculture le 14 février 1788, nous fait connaître les détails et les résultats de cette culture devenue historique ; à ce titre même, ce document est précieux.

« RAPPORT SUR LA CULTURE DES POMMES DE TERRE FAITE DANS LA PLAINE DES SABLONS ET CELLE DE GRENELLE, PAR MM. THOUIN, BROUSSONET, DUMONT ET CADET.

» L'attention de M. l'Intendant de la Généralité de Paris sur tout ce qui peut encourager l'Agriculture et fournir aux gens de la campagne des récoltes variées qui leur assurent une nourriture abondante, ainsi qu'à leurs bestiaux, s'est marquée l'année dernière, d'une manière signalée, par une expérience faite en grand sous ses auspices, dans la Plaine des Sablons et dans celle de Grenelle, concernant les Pommes de terre.

» La Société nous a nommés, MM. Thouin, Broussonet, Cadet de Vaux et moi, pour suivre cette expérience, et lui rapporter quels en ont été les procédés et les résultats.

» C'est à M. Parmentier, si connu pour les excellents ouvrages qu'il a publiés, et par ses travaux assidus sur le Froment, sur le Maïs, sur la panification et sur la Pomme de terre, que l'on doit l'idée et la conduite de l'expérience dont nous allons avoir l'honneur de rendre compte à la Compagnie.

» Jusqu'ici l'on avait cru que la Pomme de terre voulait un sol au moins de qualité médiocre, et qu'elle devait être plantée vers la fin de Février ou dans le commencement de Mars, époque où se font les semailles de l'Avoine, de l'Orge, des légumes farineux, en un mot, de ce qu'on appelle les *Mars* et *Tremois*. Les laboureurs ont tant d'occupations dans cette saison, que souvent, faute de temps, lorsque la pluie, la gelée, ou quelque accident les contrarient, ils sont obligés de laisser une partie de leurs champs sans l'employer. C'est leur rendre un fort grand service que de leur indiquer des cultures qui peuvent être commencées quand les autres travaux de la campagne sont déjà finis.

» Les essais et les observations de M. Parmentier l'ont convaincu que la Pomme de terre, du moins une certaine espèce qui précisément est la plus féconde, pouvait, avec succès, être plantée beaucoup plus tard qu'on ne le pensait. Il a de plus reconnu que le terrain le plus sec, pourvu qu'il fût de nature légère, convenait à cette même espèce, et que toutes les autres s'en accommodaient plus ou moins, excepté les espèces rouges qui demandent un sol médiocrement humide.

» La Pomme de terre est d'une grande fécondité. Un seul labour suffit pour préparer le terrain qui doit la recevoir ; un binage pour en butter la tige, cinq ou six semaines après sa plantation, est le plus grand travail qu'elle exige. Il faut seulement avoir soin de la tenir nette et dégagée des herbes inutiles ; elle fournit, comme on le sait, par ses racines tuberculeuses, un aliment sain, agréable au goût, qui s'apprête aisément, sans dépense, et qui convient aux animaux comme aux hommes ; elle a de plus l'avantage de cacher sous la terre les productions qui la rendent utile, en sorte que la récolte que l'on attend, dépend moins que toute autre de l'intempérie des saisons. Par ces diverses considérations, il est fort à désirer qu'une pareille denrée se multiplie partout de plus en plus. Rien n'est plus propre à lui faire prendre faveur que la facilité qu'offre sa culture aux Laboureurs, de s'en occuper, pour ainsi dire, à leur loisir, et d'y consacrer des friches abandonnées de tout temps.

» Ainsi l'espèce de découverte qu'a faite M. Parmentier sur une plante d'une utilité si grande, est véritablement importante à plus d'un égard, puisqu'elle fournit aux gens de la campagne une culture qu'ils peuvent avancer ou remettre à leur gré, jusqu'à des temps où nulle autre ne pourrait être commencée, et qu'elle leur donne de plus le moyen de mettre en valeur des fonds de mauvaise qualité qu'ils négligent, persuadés qu'en les travaillant, ils n'en tireraient aucun parti.

» Pour rendre cette découverte utile aux Cultivateurs et les en faire profiter, il s'agissait de la divulguer par une épreuve éclatante, capable de servir d'exemple et d'encouragement, en montrant, par un fait authentique, la justesse de la théorie.

» Dans cette vue, M. Parmentier a choisi, pour faire une expérience en grand et bien décisive, la Plaine des Sablons, et celle de Grenelle, où se trouvent des terrains arides, de pur sable, stériles et délaissés depuis fort longtemps.

» On ne pouvait préparer la terre dans la Plaine des Sablons et la planter qu'après la revue que le Roi fait tous les ans de ses deux Régiments des Gardes dans cette plaine, vers le milieu du Printemps, et qui, l'année dernière, s'est faite le 10 de Mai : circonstance qui ne permettant d'opérer que dans un temps où la saison est déjà fort avancée, pouvait inspirer des doutes à des Cultivateurs ordinaires sur le succès de l'entreprise ; mais M. Parmentier, que ses diverses tentatives et ses réflexions éclairaient et rassuraient, ne balança point à suivre son dessein.

» La revue faite le 10 de Mai, on a mis la charrue dès le lendemain sur un espace de trente-cinq arpents : ils n'ont reçu qu'un seul labour ; l'ouvrage, à cause de son étendue, et par la difficulté d'avoir à point nommé les ouvriers, n'a été fini que le 25 du même mois. Deux chevaux tiraient la charrue ; quelques charretiers en avaient mis trois sans nécessité, seulement par l'habitude où ils sont de manœuvrer avec un semblable attelage.

» A mesure que chaque arpent était labouré, on y plantait les Pommes de terre, en sorte que les labours et la plantation ont été terminés en même temps.

» On n'a fait aucune autre préparation ; on n'a point employé d'engrais, excepté sur un seul arpent, sur lequel des boues de Paris ont été répandues, dans la vue de comparer son produit avec celui des autres arpents que l'on n'amendait point.

» La *Grosse Pomme de terre blanche*, tachée de points rouges à la surface et dans l'intérieur, commune dans les marchés de Paris, est celle qu'on a plantée dans la Plaine des Sablons ; la végétation vigoureuse de cette espèce, qui croîtrait dans du verre pilé, pourvu qu'il fût souvent arrosé, l'a fait préférer. On n'attendait point des autres espèces la même réussite, surtout des espèces rouges : celles-ci veulent, comme on l'a dit, un sol moins aride.

» Après la fleuraison de la plante, on l'a buttée avec la houe américaine : on n'a point eu besoin de sarcler le terrain ; il est si sec, que la seule verdure qu'il ait produite est le feuillage de la Pomme de terre.

» La récolte s'est faite à la fin d'Octobre, quoique la plante ait été privée de la sève de Mai, et mise en terre, les labours étant tout frais ; quoique la sécheresse ait régné longtemps, et qu'il soit ensuite survenu des froids constants, on a recueilli 621 sacs de Pommes de terre, de 16 boisseaux chaque, faisant 9.936 boisseaux ou 828 setiers, qui, divisés par 35, nombre des arpents plantés, donnent pour chacun, l'un dans l'autre, près de 23 setiers 2/3 ou 23 setiers 8 boisseaux.

» Ce produit n'est pas le produit total des 35 arpents. Il n'est point possible d'énoncer la quantité véritable à laquelle il s'est monté ; celui des 621 sacs doit être augmenté de ce que les maraudeurs ont enlevé furtivement dès le mois de Septembre et dans le courant d'Octobre ; de ce que les gens, chargés de la récolte, ont pris pour eux-mêmes à la dérobée, et de ce qu'ils ont laissé par négligence dans la terre. Ce dernier article est certainement considérable. Dix ou douze jours après la récolte enlevée, on voyait encore sur la place un nombre de Glaneurs qui fouillaient la terre, et qui ne perdaient point leur temps.

» Comme le produit de ces 35 arpents devait être partagé gratuitement entre les Pauvres, on n'a point veillé soigneusement à ce qu'il n'en fût rien détourné. La vigilance n'a point paru nécessaire en cette occasion, par une considération toute simple. On voyait que malgré ce qui serait soustrait, la production avérée serait assez grande pour justifier l'entreprise et démontrer ce qu'on avait prétendu faire connaître. D'ailleurs, ceux qui s'appropriaient subtilement de ces Pommes de terre étaient vraisemblablement pauvres ; par conséquent, du nombre de ceux à qui l'on destinait des distributions.

» Les 621 sacs de ces racines récoltées à la Plaine des Sablons ont, en effet, été donnés, partie à des Paroisses, partie directement à des Pauvres en particulier, partie aux Sociétés philanthropiques.

» On avait porté, dans la plaine, pour la plantation des 35 arpents, 101 setiers, dont dix au moins, suivant ce que l'on nous a dit, ont été pillés tant par les ouvriers que par d'autres. Ainsi le produit net de cette culture est de 520 sacs de 16 boisseaux chacun, en partant seulement du produit connu ; et le total du produit connu se trouve être neuf fois et demi plus considérable que la quantité mise en terre pour la plantation.

» Dans l'arpent fumé, la fane avait plus de vigueur ; les Pommes de terre étaient un peu plus grosses, et le produit a surpassé d'un tiers environ celui des autres arpents.

» Deux arpents qui l'année précédente, en 1786, avaient été plantés par forme d'essai, n'ont pas moins rapporté l'année dernière qu'en 1786.

» Quelques agronomes prétendent que la fane de la Pomme de terre ne plaît point aux moutons, et que, si par malheur ils y touchent, ils en sont incommodés. M. Parmentier que ses expériences ont persuadé du contraire, a permis aux Bergers des environs de la Plaine des Sablons et de celle de Grenelle, de conduire leurs troupeaux dans la partie qu'il avait plantée ; les moutons ont brouté la totalité du feuillage en peu de temps, et n'ont laissé que les tiges. M. Parmentier assure qu'il n'en est résulté pour ces animaux aucun des accidents prétendus.

» On a fait sur cette plantation, en présence des Commissaires de la Société, l'essai du *Petit cultivateur américain*, sorte de petite charrue attelée d'un cheval. Ils ont vu qu'avec cet instrument, on pourra butter suffisamment à peu de frais les plantes qui veulent être buttées. Il a pareillement été démontré qu'on peut employer la charrue pour récolter les Pommes de terre : manière expéditive et qui diminue de beaucoup la dépense de la main-d'œuvre.

» Nous devons observer que les Pommes de terre qui ont cru dans le sable, semblables à cet égard au Blé moissonné sur des terres sèches, sont plus farineuses, plus fermes, et d'une pesanteur spécifique plus considérable, que si des fonds humides les avaient produites. Celles de la Plaine des Sablons ont plus de saveur que les Pommes de terre de même espèce que l'on achète dans les marchés n'en ont communément ; et soumises à la préparation par laquelle on en extrait la fécule, elles en ont donné plus abondamment.

» L'expérience, dont nous venons de rendre compte, apprend que l'on peut différer de planter la Pomme de terre jusqu'au 25 de Mai, le 25 compris, jour auquel les arpents façonnés les derniers ont été plantés ; car ces arpents ont autant rapporté que ceux qu'on avait plantés les premiers, c'est-à dire 10 ou 12 jours plus tôt.

» Elle nous apprend de plus que le terrain le plus aride ne doit point être abandonné, et qu'on peut y trouver une grande ressource en le plantant de Pommes de terre, lorsqu'il est d'une nature légère. Le calcul le plus simple va mettre à portée d'en juger et d'apprécier en cela le mérite du travail de M. Parmentier.

» Un boisseau de Pommes de terre, nous parlons toujours ici de l'espèce *blanche*, pèse 18 livres ; le boisseau de Froment pèse 20 livres ; le setier de Froment pèse donc 240 livres, et celui de Pommes de terre 216 livres.

» Une bonne terre, ensemencée en Froment, rend par arpent six à sept setiers. Prenons sept setiers pour n'être point accusés de partialité. Un arpent de terrain aride, sablonneux, dont on ne peut faire aucun autre usage, rend 23 setiers 2/3 ; à 216 livres le setier, c'est 5,112 livres pesant.

» Il faut trois livres pesant de Pommes de terre pour équivaloir à une livre de Froment ; par conséquent, 5,112 livres de ces racines font l'effet de 1,714 livres de Froment : poids que, dans la supputation présente, nous regarderons comme égal à celui de 1,680 que donnent 7 setiers de Froment ; la différence de 1,714 à 1680 est trop petite pour mériter d'être marquée.

» Ainsi on tirera, dans certaines circonstances, sans grande dépense, d'un arpent du plus mauvais terrain, planté de Pommes de terre *blanches*, un produit égal, soit en argent, soit en nourriture, à celui qu'on tirerait à grands frais d'un arpent de bonne terre ensemencée en Froment.

» La quantité de Pommes de terre nécessaires pour planter un arpent de mauvais terrain, et la quantité qu'il faut de Froment pour ensemencer la même mesure de bonne terre, sont à peu près dans la même proportion avec la quantité de leur produit respectif.

» Mais les façons et les fumiers indispensables pour qu'un arpent de bonne terre rapporte 7 setiers de Froment, sont beaucoup plus chers que les façons qu'exige un arpent sablonneux pour fournir 23 setiers 2/3 de Pommes de terre.

» Il résulte encore de ce que la Pomme de terre peut être plantée très tard avec fruit, que dans une année qui s'annoncerait par une sécheresse, telle que celle de 1785, qui ferait craindre une disette de fourrage durant l'Hiver, on pourrait, en rassemblant tout ce que l'on trouverait encore de Pommes de terre vers la fin de Mai, et les plantant, se procurer un supplément abondant de subsistance pour les animaux. » Tels sont les avantages des travaux de M. Parmentier, et sur lesquels l'expérience qui vient d'être faite, ne saurait laisser de doute. On ne peut assez louer cet estimable citoyen de ses efforts persévérants pour étendre et perfectionner la culture des Pommes de terre. On lui doit encore de l'avoir introduite dans des Cantons d'où les préjugés et l'esprit de contradiction paraissaient l'avoir bannie pour toujours. Il ne s'est point contenté de publier des Traités, de donner des instructions particulières, il a déterminé plusieurs Sociétés savantes à décerner des Prix pour l'encouragement de cette culture. Il a sollicité par lettres, et de vive voix avec la chaleur d'un apôtre du bien public, une foule de Seigneurs Propriétaires de donner l'exemple, tant en faisant cultiver cette plante chez eux, qu'en ordonnant qu'on en servît sur leurs tables ; son zèle ingénieux lui a suggéré des ruses innocentes, des stratagèmes officieux pour inspirer à leurs vassaux le goût de cette nourriture. Ce sont ses soins sans relâche, ses exhortations non interrompues qui rendent aujourd'hui commune dans les marchés de Paris, cette denrée, espèce de Manne, comestible sain, capable de suppléer non seulement le Blé, mais même le pain, surtout commode pour les Pauvres, par la facilité de le cuire, et le peu d'apprêt qu'il demande. M. Parmentier mérite des témoignages de la reconnaissance publique.

» Les Pommes de terre plantées dans les 14 arpents de la Plaine de Grenelle, l'ont été vers le temps ordinaire, c'est à dire dans le courant de Mars. L'état de leur produit ne nous a pas été remis. Les 14 arpents de cette plaine étaient consacrés à multiplier les nouvelles espèces, pour les distribuer aux Comices agricoles, lors de leur première tenue, afin de propager la culture de ces plantes dans la Généralité de Paris.

» Ces nouvelles espèces jardinières sont au nombre de onze qui se sont soutenues pendant six années dans leur caractère spécifique, par là démontrées variétés constantes contre le sentiment de quelques Naturalistes qui ne voulaient les regarder que comme de simples variétés accidentelles». Peut-être ne sera-t-on pas fâché ici de prendre connaissance de quelques détails intimes sur cette Société d'Agriculture qui faisait de si louables efforts pour seconder les vues philanthropiques de Parmentier. Arthur Young, dans le récit de son Voyage en France (1787-1789), a écrit quelques lignes à ce sujet. Voici comment s'exprimait l'humoristique agronome, d'après une traduction anonyme de ce Voyage, parue en 1793.

« Le 12 Juin 1789. — J'allai à la Société royale d'Agriculture dont je suis membre, qui s'assemble à l'Hôtel de Ville : je votai et reçus un jeton, qui est une petite médaille donnée aux membres toutes les fois qu'ils y vont, enfin de les engager à s'occuper des affaires de leur institution : c'est la même chose dans toutes les Académies royales, etc., et ces jetons causent tous les ans une dépense considérable et fort mal employée, car quel bien peut-on attendre d'hommes qui

146

ne vont là que pour recevoir des jetons? Quel que soit leur motif, la Société paraît bien suivie : il y avait trente personnes présentes ; entre elles étaient MM. Parmentier, vice-Président, Cadet de Vaux, Fourcroy, Tillet, Desmarets, Broussonet, secrétaire, et Crété de Paluel, à la ferme duquel je fus il y a deux ans, et qui est le seul de la Société qui pratique l'Agriculture. Le Secrétaire lit les titres des Mémoires présentés et en rend compte, mais on ne les lit pas, à moins qu'ils ne soient particulièrement intéressants. Alors les membres lisent des Mémoires en font des Rapports, et quand ils discutent et délibèrent, il n'y a pas d'ordre, mais ils parlent tous ensemble, comme dans une chaude conversation particulière. L'abbé Raynal leur a donné 1.200 livres pour un Prix sur quelque sujet important, et on me demanda mon opinion pour savoir ce que l'on proposerait : Donnez-le, répliquai-je, pour l'introduction des Navets ; mais ils pensent que c'est un objet que l'on ne saurait atteindre ; ils ont tant fait, et le Gouvernement a tant fait en vain, qu'ils regardent cela comme impossible. » Le 19 Juin 1789. — J'accompagnai M. Broussonet pour aller dîner chez M. Parmentier, à l'Hôtel des Invalides. Il s'y trouvait un Président du Parlement, M. Mailly, beau-frère du Chancelier, l'abbé Commerel, etc., etc. Je remarquai, il y a deux ans, que M. Parmentier était le meilleur homme du monde, et qu'indubitablement il entendait tous les détails de la Boulangerie mieux que personne, comme ses ouvrages le démontrent clairement. Après dîner, nous allâmes à la Plaine des Sablons, pour voir les Pommes de terre de la Société et les préparatifs qu'elle fait pour les Navets. A cela je dirai que je conseille à mes confrères de s'en tenir à leur Agriculture scientifique, et d'en laisser la pratique à ceux qui l'entendent. Quel malheur pour des Cultivateurs philosophes que Dieu ait créé du Chien-dent ! »

Mais après tous ces efforts pour encourager et propager la culture de la Pomme de terre, quels résultats était-on parvenu à obtenir à la fin du XVIIIe et au commencement du XIXe siècle. Nous trouvons, à ce sujet, des renseignements fort instructifs dans le Mémoire déjà cité de M. Clos : *Quelques documents pour l'histoire de la Pomme de terre.*

« L'importance de la Culture des Pommes de terre, dit M. Clos, paraît avoir été reconnue dans le Nord et le Nord-Est de la France, à l'époque où Parmentier cherchait à la démontrer : elle avait dû y acquérir une assez grande extension ; car : 1° en 1809, le curé Aubry déclarait qu'à dater de 1760, elle s'était considérablement augmentée dans les *Ardennes*, notamment dans le Canton de Bouillon, ajoutant qu'avant l'introduction de la Pomme de terre les Hautes-Ardennes étaient souvent exposées à des espèces de famine, fléau qu'on n'y connaît plus ; 2° elle était même exportée en Angleterre par le port de Dunkerque, si bien qu'en 1775 on crut devoir en défendre la sortie du Royaume, fait que j'emprunte au Mémoire déjà cité de M. Gourdon ; 3° de nombreux documents témoignent de l'étendue de cette culture dans nos Départements de Nord-Est ; au rapport de Parmentier, vers la fin du XVIIIe siècle, les Anabaptistes introduisirent sur les bords du Rhin, dans l'ancien Département du Mont-Tonnerre, la distillation en grand de la Pomme de terre fermentée, et en tirèrent des produits fort importants.

» Voici des renseignements officiels extraits des *Mémoires statistiques publiés par ordre du Gouvernement* : A. — En l'an XII (1803) pour le Département de *Rhin et Moselle* : « La Pomme de terre, qui est devenue un des mets du riche, est dans plusieurs Cantons la seule nourriture du pauvre ; on en fait aujourd'hui une telle consommation que l'on doit s'étonner comment, avant sa culture, les pays un peu populeux ont pu nourrir leurs habitants ». B. — En l'an XI (1802), pour le Département de la *Moselle* : « Elle est cultivée surtout dans l'arrondissement de Sarreguemines… Elle s'est prodigieusement multipliée depuis 1794, où elle est devenue d'un grand secours dans la disette qui s'est fait sentir… Elle était même presque inconnue au milieu du dernier siècle : elle a commencé à s'introduire dans les vignobles dont la population nombreuse, privée de plantes céréales, s'en était fait une précieuse ressource ; elle est aujourd'hui répandue partout ; c'est le légume dont la consommation est la plus grande, en même temps qu'il sert de nourriture aux bestiaux et d'engrais aux porcs. ». C. — En l'an XIII (1804), pour la *Meurthe* : « Quelques Cantons montagneux sont consacrés uniquement à la Pomme de terre... En 1789, la proportion des terrains plantés de Pommes de terre à ceux ensemencés en Fèves, en Pois, était comme 10 à 6, tandis que ce rapport est aujourd'hui de 10 à 3. Cette faveur qu'a obtenue la culture de la Pomme de terre est l'effet du défrichement des Communaux, de la vente au détail des grandes fermes, des diverses causes ayant multiplié le nombre des petits propriétaires dont ce précieux légume est la principale nourriture ». D. — En l'an XII, pour le *Doubs* : « La culture de la Pomme de terre augmente toujours, sensiblement... Outre la nourriture qu'elle fournit au Cultivateur, la Pomme de terre sert aussi de nourriture aux bestiaux qu'elle engraisse... Les nombreux avantages que le Cultivateur a trouvés dans la culture facile de la Pomme de terre paraissaient avoir beaucoup diminué la culture du Maïs, qui, plus exposé aux intempéries des saisons, laisse plus d'incertitude sur la récolte, sans donner plus d'avantage par ses produits... »

» Enfin, on lit dans les *Annales de l'Agriculture française*, qu'en 1814, la Pomme de terre était cultivée en grand dans le Département de l'*Aisne*, où « sa culture, ajoute l'auteur, a beaucoup augmenté depuis 20 à 30 ans, offrant à la classe indigente une ressource précieuse ».

» Toutefois, les Pommes de terre paraissent avoir pénétré assez tard dans le Cambrésis, car il est dit dans une Notice sur Beauvois, commune du Département du Nord : « Ce ne fut que vers 1789 que des fabricants de toile, allant vendre du lin en Hollande, en rapportèrent quelques-unes dans leur valise et en propagèrent peu à peu la culture ».

» En 1807, M. Feral de Rouville, rendant compte d'une culture de cent hectares dans la Commune de Rouville. (*Loiret*), écrivait :

« Dans le Canton que j'habite, personne avant moi n'avait cultivé la Pomme de terre en grand ; elles n'y étaient pas inconnues, mais quelques carrés destinés à cette plante, choisis près des habitations et labourés à la bêche, n'étaient pas des données pour une culture étendue ».

» Sageret, à son tour, traitant à la même époque de l'Agriculture du pays compris entre Lorris et Montargis (*Loiret*), déclarait « que la Pomme de terre était circonscrite dans les jardins, n'étant pas assez commune pour être à bas prix et ne servant guère à la nourriture des bestiaux ».

» Quant au Département de la *Sarthe*, M. Deslandes donnait, en 1809, le renseignement suivant : « Il y a cinquante ans que l'on connaissait à peine les Pommes de terre : elles y furent répandues par les soins et l'exemple des grands propriétaires et surtout des curés. Leur culture fit de rapides progrès ; il n'y a point de fermier qui n'en plante annuellement un douzième de ses terres ».

» La résistance à l'extension de ce tubercule semble avoir été plus grande dans l'Ouest de la France, à l'exception de la *Seine-Inférieure*, grâce peut-être à l'influence de Parmentier, originaire de Montdidier. En effet, Lieutaud écrivait à Rouen, en 1783 :

« Cette plante, qui se cultive dans les jardins et dans les champs, donne des tubercules bons à manger ; ils sont également estimés des riches et des pauvres : leur saveur est assez agréable, ils se digèrent aisément ».

» Mais je ne vois pas la Pomme de terre signalée parmi les plantes cultivées en grand nombre dans la *Statistique du Département de l'Eure*, publiée en l'an XII.

» En 1818, Duhamel, dans son Mémoire sur le sol de l'Arrondissement de Coutances (*Manche*), disait : « La culture de la Pomme de terre s'est répandue dans presque toutes les communes, et il n'en est pas où elle ne réussisse ; mais on ne la fait point en grand, et l'on n'y sacrifie que peu de terrain ».

» En 1806, P. de Candolle écrivait, dans son *Rapport sur un voyage botanique et économique dans les Départements de l'Ouest* :

« Les Pommes de terre sont, dans presque tous ces départements, cultivées seulement pour la nourriture des Bestiaux et pour l'usage de quelques particuliers riches qui, moins soumis aux préjugés, aiment à s'en nourrir. Dans les environs de Quimper-Corentin, on trouve, au contraire, l'usage et la culture de la Pomme de terre bien naturalisés, ce qui est dû aux efforts soutenus et sagement conduits par M. Ledéau. Elles sont introduites dans les assolements du District de Quimper à la place du Blé noir. Le peu de Pommes de terre qu'on trouve dans les environs de Nantes y est cultivé de la même manière ».

» C'est vers 1788 que la culture de la Pomme de terre pénétrait en *Vendée*, car Cavoleau écrivait en 1818 : « Il y a un peu plus de trente ans que, le Dr Loyau et moi, nous avons commencé à cultiver la Pomme de terre dans les champs pour la nourriture des bestiaux. Cet exemple que l'on a vu d'abord avec indifférence a cependant gagné insensiblement. Dans le commencement, les paysans se sont bornés à cultiver ce tubercule dans les jardins comme légume ; ensuite, ils en ont nourri leurs cochons, puis leurs vaches, et maintenant ils l'appliquent à tous les usages dont il est susceptible dans l'économie rurale et domestique. La culture de cette plante commence à être très étendue dans le Bocage. J'entends tous les jours proclamer ses louanges par les hommes les plus ennemis des nouveautés, et il est reconnu que, dans les deux disettes qui ont suivi les mauvaises récoltes de 1811 et 1816, la Pomme de terre a sauvé du désespoir une foule de malheureux. La culture n'en est sans doute pas encore aussi étendue quelle devrait l'être ; mais l'impulsion est donnée, et je ne crois pas que rien puisse désormais l'arrêter ».

» La Statistique du Département des *Deux-Sèvres*, publiée en l'an XII, fournit les renseignements suivants : « Il y a 50 ans que les Pommes de terre ont été introduites dans la Gâtine par M. Bouteiller, médecin à Châtillon : il en nourrissait ses chiens de chasse, sa volaille et ses cochons ; mais bientôt une foule de préjugés et de petits intérêts s'élevèrent contre cette révolution. En 1784, Clément Cendré renouvela en grand les essais. Aujourd'hui la culture de la Pomme de terre est connue dans tous les villages de la Gâtine. Il paraît qu'elle commença à s'établir dans la partie sud-ouest du Département des Deux-Sèvres, voisine de celui de la

Charente, en 1775, par les soins du Comte de Broglie, et de là elle se répandit dans le pays Mellois ; mais elle n'occupait guère qu'un ou deux mètres carrés dans les jardins, lorsqu'en 1785 le citoyen Jard-Panvilliers y employa à peu près un hectare : l'abondante récolte qu'il obtint et dont il engraissa sa basse-cour et une quantité de cochons, donna l'éveil aux autres cultivateurs qui s'empressèrent de l'imiter. Ce fut surtout dans les années II et III de la République que la culture de la Pomme de terre s'étendit sensiblement. Le Dr Brisson, en 1784, l'introduisit dans le Canton de Coulange, Arrondissement de Niort, où cette plante était absolument inconnue : il en fournit de la semence à plusieurs métayers et bordiers… Cependant cette culture ne s'y fait toujours qu'en petit et reste dans un état languissant ».

» M. de Fayolle déclarait en 1809 que, dans la *Dordogne*, cette culture était inconnue à la majorité des cultivateurs avant 1785, ajoutant : « Maintenant chaque année on voit augmenter la portion destinée à cette culture ».

» Quant au *Lot*, on lit dans la Statistique de ce Département :

« La Pomme de terre n'a vaincu que depuis peu d'années tous les obstacles qui s'opposaient à sa culture, quoique dès l'année 1789, M. H. de Richeprey eût annoncé que ce tubercule était la seule production qui pût être une ressource certaine contre la famine. Encore en 1812, on connaissait à peine la Pomme de terre sur le sol calcaire, et si quelques particuliers l'y cultivaient, ce n'était que comme plante potagère. Mais on sentit bientôt combien il était avantageux de propager une plante qui n'est point attaquée par la grêle, par les brouillards, par les trop longues pluies, par les froids tardifs ».

» Dans le Gévaudan, disait M. Broussous, en 1809, l'adoption des prairies artificielles fut suivie de celle des Pommes de terre, qui y est devenue plus générale et n'y a point rencontré d'obstacles. A son tour, Prost écrivait en 1821 : « La Culture de la Pomme de terre a fait des progrès considérables dans le Département de la *Lozère* depuis une quinzaine d'années ».

» Dans les Cévennes, les Pommes de terre firent leur apparition vers 1774, si l'on en croit ce passage de Loiseleur-Deslongchamps de 1824 : « Ce n'est que depuis une cinquantaine d'années qu'on les connaît dans les montagnes des Cévennes où elles sont aujourd'hui la base de la nourriture du peuple ».

» La Pomme de terre n'est guère qu'incidemment mentionnée dans la *Description du Département du Tarn* par Massol, en 1818, l'auteur se bornant à dire qu'elle est cultivée dans les Cantons de Saint-Àmans-Labastide, de Mazamet et dans le bourg de Valence ; il spécifie cependant qu'on récolte beaucoup de Pommes de terre dans le canton d'Angles.

» Enfin, voici des renseignements précis qui m'ont été fournis sur les premières tentatives, faites sur le versant septentrional de la Montagne-Noire, aux environs de Sorèze. C'est vers l'année 1790 qu'on essaya la culture de la Pomme de terre dans quelques métairies ; mais elle restait confinée dans les jardins ou autour des maisons d'habitation. En 1814, elle n'avait encore pris aucune extension, et elle gagna peu jusqu'en 1832 ; à cette date, un riche propriétaire de la Montagne rassemble les paysans de ses dix métairies et leur enjoignit de cultiver en grand le tubercule, s'ils ne voulaient être remplacés. Ce fut un excellent exemple.

» Le progrès avait été plus rapide dans des localités peu éloignées, car le baron Trouvé écrivait, dès 1818, dans sa *Description du Département de l'Aude* : « La Pomme de terre est celle de ces cultures qui se pratique avec le plus de succès surtout dans la Montagne noire, dans l'Arrondissement de Limoux et dans les Corbières. On dit que ce fut un mendiant qui la fit connaître et qui l'introduisit dans cette dernière contrée. Elle est devenue d'une grande ressource pour les habitants ».

» Si, comme on l'a vu plus haut, la Pomme de terre était dès 1776 l'objet d'une culture en grand dans certaines parties des Pyrénées, elle était loin d'avoir pénétré dans toutes. C'est ainsi que dans la vallée de Lourou (Hautes-Pyrénées), cette culture ne remonte pas au delà de 77 ans. « En 1795, un

Commissaire du Gouvernement fut chargé de faire ensemencer en Pommes de terre une certaine étendue de terrain proportionnée à l'importance de chaque famille. Dans les commencements les habitants ne cessaient de se plaindre de cet ordre et suppliaient l'autorité de les dispenser d'y obéir ; entre autres griefs, ils prétendaient qu'on leur faisait perdre une année de revenu, en chargeant leur terre d'une récolte inutile. On tint bon ; peu à peu les préjugés tombèrent : la Pomme de terre devint une partie de la nourriture habituelle et passa de l'homme aux animaux. Aujourd'hui on regrette de ne pouvoir lui consacrer plus de terrain [*Agriculture française*) ».

» L'exemple se propagea. Aussi, dès 1813, M. de Saint-André écrivait-il dans sa *Topographie de la Haute-Garonne* : « Le genre de production qui y devient universellement une des premières ressources et dont le succès est certain, parce qu'il craint peu la rigueur des hivers, c'est la Pomme de terre, qui est d'une qualité bien supérieure à celle de notre climat. On a appris à préférer la *Blanche* à la *Rouge*, et l'on y a introduit celle qu'on nomme *de Hollande*, qui est plate, très blanche et très féculente, mais qui n'y paraît pas encore bien acclimatée. »

» Le département de *Tarn-et-Garonne* était aussi très avancé sous ce rapport, car Gatereau disait, en 1789, que « la Pomme de terre est cultivée dans les champs. » Témoignage que confirmait Baron, en 1823, écrivant : « Cette plante est très cultivée. » Au commencement de ce siècle, M. Depère y avait introduit la culture de ce tubercule dans le Canton de Mézin.

» En ce qui concerne les environs de Paris, je lis dans un Mémoire de Poiteau, de 1831 : « Dans ma jeunesse, il y a cinquante ans, on la méprisait encore, et peu de personnes osaient en manger. »

» Ces citations ne confirment-elles pas l'assertion émise par M. Pépin, au sein de la Société centrale d'Agriculture, qu'encore au commencement du siècle, la Pomme de terre était cultivée à Paris, surtout pour les animaux ? Et cependant, elle devait avoir alors de chauds partisans ; car, en

1793, Chaumette annonçait le projet de planter ce fécond tubercule sur toute la surface des jardins du Luxembourg. »

Nous pourrons ajouter qu'à la même époque, la Convention nationale ne dédaignait pas de s'occuper de prescrire la culture de la Pomme de terre, comme nous l'avons déjà vu, d'après M. Clos, au sujet des Hautes-Pyrénées. M. Hariot a publié une Note dans le *Journal de la Société d'Horticulture de France* de 1893, de laquelle il résulte que le 23 nivôse, an II, la Convention avait publié un Décret chargeant le Représentant du peuple en mission près les Côtes de Brest et de Lorient de faire cultiver la Pomme de terre dans les Départements du Finistère, du Morbihan, des Côtes-du-Nord et de l'Ille-et-Vilaine. « Le citoyen Laignelot, dit M. Hariot, dans la crainte que les Instructions qui accompagnent ce décret ne puissent recevoir assez d'exécution, en ordonne la traduction dans l'idiome celtique et la distribution dans chaque municipalité. Il arrête en outre que, dans ces quatre Départements, il sera cultivé au moins un vingtième de terrain labourable de chaque fermier, en Pommes de terre, et sous peine d'une amende du double de l'imposition foncière de la totalité de leurs propriétés ».

La même année, Parmentier faisait de son côté tous ses efforts pour activer la propagation de la Pomme de terre. M. Bienaymé, ancien bibliothécaire du Ministère des finances, a bien voulu nous signaler le document suivant, publié par la *Direction générale des Archives nationales* en 1872. Il s'agit de la Lettre suivante de Parmentier, avec une annotation explicative.

« A Paris, ce 24 Frimaire, l'an 2 de la République.

»…. Sa publicité me paraît urgente. Les autres plantes potagères qu'il est si important de propager sur le sol de la patrie pour doubler la ressource des Mars, exigeront aussi des instructions particulières que nous nous empresserons, Villmorin (*sic*) et moi, de rédiger, si la Commission des subsistances le juge à propos ; mais il n y a pas un instant à perdre.

(Signé) Parmentier. »

» — Le Mémoire joint à cette Lettre est en entier de la main de Parmentier, sur dix feuillets grand in-folio, écrits recto et verso. En marge de la première page existe la Note suivante : « Sera imprimé au nombre de 10,000 exemplaires, envoyé aux Districts, avec ordre de le faire réimprimer en quantité suffisante pour le faire circuler dans leurs Communes respectives ».

Arch. de l'Emp. F^e 256 (Administ. gén. : Agriculture).

Il ne paraît pas qu'il ait été déféré au désir de Parmentier, et que ce Mémoire ait été imprimé et distribué. Malgré toute l'impulsion qui était ainsi donnée à la culture et à la consommation de la Pomme de terre, il est curieux de lire dans un ouvrage, qui plus tard devait tant servir à préconiser cette Solanée, ce que disait, en 1805, le rédacteur du *Bon jardinier*.

« POMME DE TERRE (*Morelle*, *Truffe*, *Patate*, *Solanum tuberosum*). — Il n'y a point de légume sur lequel on ait tant écrit, et pour lequel on ait montré tant d'enthousiasme. On en a fait du pain, trouvé excellent par les riches, des biscuits de Savoie, des gâteaux, des ragoûts de toutes les sortes, et puis on a dit : *Le pauvre doit être fort content de cette nourriture*. Notez que les premiers pains faits avec la pulpe de ce tubercule étaient mêlés de bonne farine ; que les ragoûts étaient bien assaisonnés, etc. Les têtes échauffées par les prédications des Économistes, ont employé des terres à froment à la culture de ce légume, qui, anciennement, était à bas prix, et qui est devenu cher pour le peuple, surtout à Paris et aux environs. Ce n'est pas ici le lieu de réfuter tous les systèmes imaginés sur cette matière. D'ailleurs, l'enthousiasme tombe et en même temps le prix de la denrée. Avant qu'on l'eût tant prônée, elle était d'un très grand usage dans plusieurs Provinces, et le pauvre en avait toujours fait sa nourriture ; ainsi, il était inutile de tant écrire sur ce sujet. Il est bon d'observer que, quand une fois on en a planté dans un terrain, il en produit toujours, quelque chose qu'on fasse, parce qu'en relevant les tubercules il s'en échappe de très petits qui forment d'autres Pommes dans la suite. Dans les différents écrits où l'on a présenté ce légume comme une nourriture saine et de facile digestion, on n'a pas eu soin de distinguer le sol et le climat qui lui convenait pour qu'il fût *sain et de facile digestion*. Les Patates auront ces deux qualités, si elles sont cultivées dans un terrain sec et chaud ; mais elles seront *lourdes et indigestes*, si elles proviennent d'un sol froid et humide. Il semble que cette observation était nécessaire à faire. »

On peut considérer cet Article comme une Note discordante qui se faisait alors entendre dans le concert d'éloges dont la Pomme de terre était l'objet, et comme un dernier écho des préjugés de l'époque.

Mais le mouvement était donné, la culture de la Pomme de terre devait prendre chaque année une extension de plus en plus grande. Elle était à peu près partout répandue en France, en 1845, lorsque l'invasion de la maladie menaça de la faire abandonner, alors même que tous les esprits commençaient à se pénétrer de son utilité bienfaisante. On reprit heureusement courage, les attaques de cette déplorable maladie diminuèrent insensiblement d'intensité, et, de nos jours où l'on est obligé de faire encore la part du fléau, on peut dire que la Culture de la Pomme de terre est, à tous les points de vue, plus florissante que jamais. Voici ce que nous relevons dans l'Ouvrage déjà cité de M. Ch. Baltet :

« Après le Blé, la Pomme de terre tient le premier rang en France. Tout le monde en consomme. Les 4,500 hectares de 1789 sont arrivés à 1,512,136 hectares en 1892. La récolte, en France, dépasse aujourd'hui 136,000,000 de quintaux métrique, représentant une valeur de 600 millions de francs, y compris les espèces fourragères ou à féculerie. Chaque Département cultive le précieux tubercule pour l'alimentation ou l'industrie. Treize Départements ont affecté chacun plus de 30.000 hectares à la Pomme de terre, depuis Saône-et-Loire, avec 53,000 hectares, jusqu'à Maine-et-Loire ; 31,000 hectares, en passant par la Dordogne, la Charente-Inférieure, la Sarthe, l'Ardèche, la Charente, le Puy-de-Dôme, les Vosges, l'Aveyron, la Loire, l'Allier, le Tarn, sans tenir compte de la superficie territoriale. Quant au rendement, la moyenne étant de 90 quintaux à l'hectare, la tête appartient au Département des Ardennes, 163 quintaux à l'hectare ; puis le Nord, 162 ; les Vosges, 159 ; la Vienne, 153 ; Meurthe-et-Moselle, 141 ; les Bouches-du-Rhône, les Hautes-Alpes et l'Ardèche, chacun 140 l'Aisne, 138 ; l'Oise, 137 ; la Meuse, 135 ; la Somme, 133 ; la Seine, 132 ; en partie de culture maraîchère ; puis le Rhône, le Doubs, le Var, la Marne, les Côtes-du-Nord, le Pas-de-Calais, le Puy-de-Dôme et Belfort, arrivant avec 130 à 120 quintaux. Les plus faibles rendements appartiennent au Cantal, à la Lozère, à l'Aude, aux Basses-Alpes, à la Charente-Inférieure, soit de 20 à 37 quintaux par hectare. La statistique de 1892 ajoute que les plus fortes évaluations, quant à la vente du produit, reviennent aux Alpes-Maritimes, à la Corse, au Vaucluse, à l'Aude, à la Savoie, au Calvados, à la Manche, aux Basses-Alpes, aux Bouches-du-Rhône, à la Seine, aux Pyrénées-Orientales, au Gard, au Finistère, à l'Ille-et-Vilaine, à la Loire-Inférieure, passant de 6 francs à 10 francs le quintal.

» Enfin, la Pomme de terre, élevée libre ou sous cloche, de tous les pays, dépasse, dans ses arrivages parisiens, le chiffre de 700,000 hectolitres, pesant 70 kilogr. chacun.

» L'Algérie ne reste pas en arrière. La Pomme de terre de primeur est pour elle une des cultures importantes d'exportation : elle a pour but d'arriver pendant la première saison printanière de la France, à la majoration des prix. Les chiffres d'exportation s'élèvent annuellement aux environs de 3,000,000 de kilogrammes. »

On ne consomme pas en France tous les produits de cette importante culture de la Pomme de terre. M. Aimé Girard a constaté que leur exportation va toujours en augmentant. D'après les chiffres que ce savant a fait connaître, le mouvement d'exportation des Pommes de terre représentait pendant les six premiers mois de 1895 un chiffre en poids de 70 millions de kilogrammes, dont la valeur pouvait être estimée à une somme de 3,503,000 francs. Pendant les six premiers mois de 1896, la France avait expédié : en Angleterre, 25,179,200 kilos de Pommes de terre ; en Belgique, 16,123,600 kilos ; en Suisse, 1,641,900 kilos ; en Égypte, 966,000 kilos ; au Brésil, 4,989,300 kilos ; en

Algérie, 6,093,900 kilos ; en divers autres pays, 15,068,800 kilos ; ensemble, 70,062,700 kilos.

Quelle agréable surprise eût-ce été pour les promoteurs, au XVIIIe siècle, de la culture française de la Pomme de terre, s'ils avaient pu prévoir qu'un siècle après, cette culture devait prendre une telle extension et donner d'aussi remarquables résultats !

www.ingramcontent.com/pod-product-compliance
Lightning Source LLC
LaVergne TN
LVHW092317080426
835509LV00034B/522

* 9 7 8 2 3 6 6 5 9 6 5 8 8 *